陈 鼓 应 著 作 集

庄子人性论

陈鼓应 著

中 华 书 局

图书在版编目(CIP)数据

庄子人性论/陈鼓应著. —北京:中华书局,2021.5
(2024.8重印)
(陈鼓应著作集)
ISBN 978-7-101-15133-6

Ⅰ.庄… Ⅱ.陈… Ⅲ.庄周(约前369~前286)-哲学思想-
文集 Ⅳ.B223.5-53

中国版本图书馆 CIP 数据核字(2021)第 053634 号

书　　　名	庄子人性论	
著　　　者	陈鼓应	
丛 书 名	陈鼓应著作集	
责任编辑	朱立峰	
封面设计	毛　淳	
责任印制	陈丽娜	
出版发行	中华书局	
	(北京市丰台区太平桥西里 38 号　100073)	
	http://www.zhbc.com.cn	
	E-mail:zhbc@zhbc.com.cn	
印　　　刷	河北博文科技印务有限公司	
版　　　次	2021 年 5 月第 1 版	
	2024 年 8 月第 3 次印刷	
规　　　格	开本/920×1250 毫米　1/32	
	印张 5⅞　插页 3　字数 120 千字	
印　　　数	7001-9000 册	
国际书号	ISBN 978-7-101-15133-6	
定　　　价	25.00 元	

2015 年 7 月 14 日，陈鼓应和家人回到家乡福建长汀河田乡南塘村祭祖

1953 年 2 月，陈鼓应与父母、妹妹合影

《陈鼓应著作集》总序

一

我一生大部分时间都在校园中度过,这期间,两岸历经对立与交流的种种曲折。我的现实人生与学术人生亦颇多波折,两者交互抵触,有时又能相互彰显——现实人生的坎坷,常使学术路途中断,但我"困"而知之,不断激发求知的动能,进而丰富着我的学术人生。

我的著述主要分两类:一是学术专著,二是时感性的文章。后者将以《鼓应文存》为名,另外编成一个系列,包括《失落的自我》、《言论广场》、《台大哲学系事件》、《走进白色恐怖》、《台湾民主运动的脚步》等著作。这一系列反映着我所处的境遇与时代的路痕。

我的专业著作,主要集中在道家各派及三玄四典的研究。《悲剧哲学家尼采》是我的第一本书,这本小书奠定了我学术的基础,接着是《庄子浅说》,用力较深的则是费时多年的《庄子今注今译》。可以说,从尼采到庄子,是我学术路程的一条主线。借着他们,我将现实关怀与学术人生联系在一起。

二

大学期间,受先师方东美中国哲学史课程的影响,我体会到,如果不能了解一个民族的灾难,也就不能理解这个民族文化的深层底蕴。个体生命也是如此,正如叔本华所说:"一定的忧愁、痛苦或烦恼,对每个人都是时时必需的。一艘船如果没有压舱物,便不会稳定,不能朝着目的地一直前进。"我的现实人生与学术人生就是在这样矛盾的状态下并行演进着,恰恰体现了老子祸福相依的哲理。

中青年期间,我常处于逆境中,尼采的冲创意志和庄子在"困苦"中保持定力与超越的心境,对我产生了深远的影响,激励着我迎难而进,永葆生命的昂扬气概。

台湾在二十世纪六七十年代经历了白色恐怖,我在这一时期的学术著作反映了我内心对于自由民主的渴望。到了七八十年代,我在文献和学术论著方面打下基础。作为一个知识分子,在那段时空中,我虽然经受着现实环境的冲击,却还能积极地参与学术、文化上的反思。透过古籍文献的整理与诠释,我不仅得到传统人文思想的熏陶,还表达了对极端化与绝对化的神权思想的反感,阐发了对威权体制下的人身崇拜和造神运动的批判。这一时期,我以尼采和庄子为主的论著,都反映了"任其性命之情"的倾向。接下来,《道家的人文精神》和《庄子人性论》两书的内容,又可以说是"安其性命之情"的展现。

三

《陈鼓应著作集》共二十本,它们分别在海峡两岸不同的时空中写成。有关尼采哲学和存在主义的介绍以及老、庄的注译,都是二十世纪六七十年代在台大校园里完成的。1973年春夏,因为参与台大校园内的保钓运动、发表时论,我和王晓波在"台大哲学系"事件中首遭整肃。自此以后,我的学术人生被迫中断十余年,直到1984年才在北京大学重启学术生涯。

在北大哲学系执教期间,我除了陆续完成道家各派典籍的诠释,也针对当时大陆学界的研究现状,着力于围绕以下三个议题表达不同的观点,并在《哲学研究》等刊物上陆续发表相关论作:第一是中国哲学开端的议题;第二是《易传》的学派归属问题;第三是理学开山祖的问题。这三个重要的议题构成了我的《道家哲学主干说》的中心议题,这将是我的最后一本学术专著。

"9·11事件"之后,整个世界更加动荡不安,就像司马迁所说"天下共苦,战斗不休",也像泰戈尔《演讲集》中对西方思维方式的描述:"西方人习惯于按照人们所归属的半球不同,而将人类世界断然划分为好的和坏的。这种傲慢的分裂精神严重地伤害了我们,给我国自己的文化世界造成巨大危害。"事实上,战争与冲突的根源多在于东西方文化上的差异。为此,我更愿意站在地球村的视角思考问题。中国哲学儒、墨、道、法各家,传承数千年而蕴涵着中国文化的内涵,各有其普世的价值。这种普世价值,是指在人文精神的照耀下,老、孔、墨、庄的思想都散发出普世的情怀,即老子的贵柔及其宽容心态、孔子的恕道及其家庭伦理、墨子的兼爱与非攻思想、庄子的艺术人生和齐物精神。

四

我们这一代都在内忧外患中度过重重的困境,我生长在动荡时代的福建客家山区。从我有记忆开始,日本军机就在我的家乡频繁轰炸,导致平民死伤无数,给我留下难以磨灭的深刻印象。

由于长时期目击了强权带给人类灾难的战争,逃难、流离、思乡之情始终扰动在我的生命中。然而,尼采的酒神精神、日神精神和《庄子》的“任其性命之情”、“安其性命之情”的洒脱心境,却赋予了我在困境中思索与写作的动力,使我能够在尼采的思想中,寻找到精神的家园,在《庄子》的天地中,寻找到心灵的故乡。

五

台大校园和北大校园是我这一生学术活动的中心点。我从台大哲学系退休之后,晚年又重返北大哲学系任教,有赖于北大哲学系主任王博教授的邀约和学校领导的大力支持。鹏程瀚宇公司孙宝良总经理帮我安顿入住到北大中关新园寓所,使我有了一个良好的环境,可以安心从事教学和研究工作。这一套著作集系列的筹划和出版,是由北京中华书局顾青总编辑积极促成的。对于上述诸位的雅情高谊,我在此一并致谢。

最后,我要说明的是:除了少数的几部书稿,著作集中的大部分书稿都曾在两岸出版过,此次汇编再版,都以最新或经过修订的本子作底本排版;除了少数几部新作外,凡旧稿中的前言或序言皆一仍其旧,予以保留,不再另行撰写。

　　　　　　　　　　陈鼓应

　　　　　　　　2015 年 4 月 21 日

　　　　于北京大学道家研究中心,时年八十

目　录

序 ……………………………………………………………… 1

开放的心灵与审美的心境

　——《庄子》内篇的心学 ……………………………… 1

前言:《孟》、《庄》心学的特点——道德心与审美心 ……… 1

　一、《逍遥游》:"游心于无穷" …………………………… 3

　二、《齐物论》:"以明"与"道通" ……………………… 12

　三、《养生主》:由技入道的艺术活动 ………………… 19

　四、《德充符》:主体的审美心境 ……………………… 26

　五、"心斋"与"坐忘"——"唯道集虚"与"心通道境" … 32

　结　语 …………………………………………………… 42

心通道境:心灵的内修与审美空间的外移

　——《庄子》外杂篇的心学 …………………………… 47

　一、外杂篇与内篇人性论中有关心学的异同 ………… 47

　二、"明乎礼义而陋于知人心"——儒道的对话与

　　　对立 ………………………………………………… 48

　三、"心养"与"守一"——心灵的内修 ……………… 52

四、"天地有大美而不言"——审美空间的外移 ………… 57

庄子论人性的真与美 ………………………………… 65

　前　言 …………………………………………………… 65

　一、以道德论为根基的性命说 ………………………… 69

　二、由"道之真"及"法天贵真"论人性之真 …………… 73

　三、"性修反德"的修持工夫与境界 …………………… 81

　四、天地之美与好美的本性 …………………………… 91

　小　结 …………………………………………………… 94

庄子论情：无情、任情与安情 ……………………………… 96

　一、"性情不离"观在人性论史上的重大意义 ………… 97

　二、《庄子》内篇中"情"的多层次意涵——道情、

　　　天情与人情 ………………………………………… 101

　三、无情说——道似无情却有情 ……………………… 106

　四、任情与安情说 ……………………………………… 109

《庄子》抒情传统在后代的回响 ………………………… 128

　一、《庄子》开启后代论"情"的序幕 ………………… 128

　二、魏晋之际显题化的重"情"思潮 ………………… 130

　三、北宋新学、蜀学的"性情一体"观 ………………… 140

　结　语 …………………………………………………… 147

附录　《庄子》"心"、"性"、"情"三字出处索引 ………… 150

序

一、庄子人性论对艺术人生的阐扬

本书特点有三。

第一，当代学者论及中国人性论时，多呈现儒学单一化的思考，且局限于心性论而不及情性论。港台新儒家中的心学一系更拘泥于"心体"与"性体"说，流于禅学化，对人性的论述诚如尼采所说，沦于"概念的木乃伊"而缺乏生命的活力。究其原因，在汉宋哲学史上，儒学的人性论从董仲舒至程朱陆王，不仅仅存在着尊性黜情之弊，更陷于性善情恶观。因此，本书借庄子着力于从正面阐发人性论中的情性说。

第二，本书意在揭示出哲学史上自然人性论的一条主线——自孔子、告子、庄子、荀子，下达王安石、苏轼、王夫之、戴震。这条非常重要的自然人性论主线曾被后儒割裂，有待重新被连续起来。

第三,春秋末年,老子和孔子掀开了中国哲学开创期的序幕,儒道两家围绕人性的议题各自阐发其独特的慧见。战国中期,孟、庄进一步将老、孔未显题化的人性理论推向显题化,并由此成就了中国人性论在其开端期的高峰。可以说,孟子和庄子在人性论的内涵上相互彰显。为此,本书一方面对比孟子的道德心,进而陈述庄子的审美心,另一方面在孟子性善的衬托下,论述庄子人性的真与美,并沿着这一脉络系统化地解读庄子在道情、天情的统摄下,关照现实人生的"任其性命之情"与"安其性命之情"的理论走向,目的在于呈现人性论议题中儒道两家的理论特征——儒家强调道德人生,而道家侧重艺术人生。两者的汇合又更能彰显出中国文化的特质。

二、我对道家人性论进行探索的一段学思历程

对人性论议题的思索,我经历了一段漫长的学思历程。

大学时代,我们的西方哲学史课程采用 Alfred Weber 的著作作为教科书,这本书开篇论述希腊哲学,便突出形上学与自然哲学的课题。整部哲学史中,几位主要的哲学家也都以形上学作为他们理论建构的主体,而不像中国哲学那样重视人性论的问题。我的学士论文以洛克的知识论为题。在探讨知识起源时,洛克提到"人性白板说",给予我很深的印象。可是,严格说来,我在整个大学阶段,都未曾进入人性论的领域。主要原因有两个,一个是西方哲学神造说与原罪论笼罩下的人性论,与我自幼耳濡目染的人文传统格格不入;其次是港台新儒家道统说所塑造的偶像崇拜之禁锢人心,尤其是"存天理,灭人欲"的学说,更无法引发我

学生时代的兴趣。

相比之下，中国哲学史的课程上，一开始就会接触到人性论的议题，尤其是孟子和告子的人性争论。当时初学逻辑的我，便感觉告子的陈述比较合理，而孟子的言辞恰似诡辩，他使用逻辑上所谓"偷换概念"的方式进行论辩。因而，从那时起，我便开始对孟子有关人性的陈述抱着存疑的态度，从而，对人性议题的思索也被长期搁置。直到二十世纪八十年代中期来到北大任教，我才由重建道家人文精神的课题，进而反思人性的议题。

三、当代社会心理学家的反思：人性究竟是狼，是羊，还是披着羊皮的狼？

整个二十世纪六十年代，我由尼采进入存在主义和庄子，并旁及罗素、弗洛姆等社会哲学的著作，其中，他们有关人性的阐述曾一度引发我的关注。这也是促使我在八九十年代以人性的议题作为学术课题加以思考的机缘。特别是弗洛姆在《人心》一书中关于人性是羊还是狼，抑或披着羊皮的狼的质疑，引起我极大的共鸣。作为人本主义伦理学的代表作，弗洛姆的《人心》一方面致力于探寻善恶的心理根源，也就是伦理行为的心理动机；另一方面则侧重于反思当代工商业社会对人性的扭曲与摧残，并指明军国主义霸权正引导人类走向新的野蛮主义，正如弗洛姆一语中的地指出："战争是一些政治、军事以及企业的领导人为获取领土、自然资源和商业利益……为加强他们自身的威望和荣誉而作出发动战争决定的结果。"随着阅历越丰富，视野越宽广，我就越能从地球村的高度来审视世界，也越能印证弗洛姆上述主张的精准。

　　整个七十年代,由于现实人生屡遭波折,我的学术人生也被迫中断。而现实人生的转变也同时影响着我学术人生的走向。保钓运动以后,我清醒地意识到所谓"自由民主的圣地"、"维护世界正义的警察",实际上在世界各地都进行着掠夺和杀戮。他们的思维方式习惯于将相对关系绝对化,将自我视为绝对的"善"而将他人视为绝对的"恶"。如今目睹到中东、北非等地三十万难民潮的有关报道,我更深刻感受到,西方的政客们不仅依然未能吸取两次世界大战的教训,而且还在政治的新野蛮主义与宗教的唯我独尊论的双重引导下,将人类整体带入可能的第三次世界大战的危机中。由此,弗洛姆的疑问——人性究竟是羊还是狼,或者是披着羊皮的狼——长期起伏在我的内心之中。

四、中国历史长河中洋溢着浓郁的人文情怀

　　时至今日,我将对人性议题的关注写进《庄子人性论》一书中。本书虽然着眼于庄子,但是,我们如果将思想视野拉长,放眼于长远的历史洪流,就会发现,中国的人性论史,早在殷周之际所形成的《诗》、《书》、《易》诸典籍中,便已显露出浓郁的人文气息。自此,人文精神犹如一条缓慢的长河穿流在中国思想史中,至先秦诸子时期,在中国哲学开创期的哲学群体或如尼采笔下所描绘的"一块巨石凿出的哲人群像"中,汇成一股澎湃的人文思潮,流淌出人文精神的涓涓暖流。因此,我思考并撰写《庄子人性论》时,也会不时地回望先秦诸子的思想背景,尤其是儒、道两家同源而异流的理论走向。就心性而言,孟子开辟出心性的道德领域,而庄子拓展出心性的审美面向;孟子侧重在人性的善,而庄子倾

向于人性的真与美。可以说,在人性的议题上,儒、道两家呈现互补的关系。

　　进而,如果再将思想视野拉宽,从中西文化的对比看,中国人文精神的弥漫又与西方宗教的原罪说形成强烈的对比。正如方师东美先生所言,西方神性遮蔽下的先天性恶论和人性两极化,将"整合的人性沦为一种'恶性二分法'(vicious bifurcation)","足以戕害人性尊严,割裂人性完整,而这在中国人文主义的光照之下,尤其看得清楚"。可以说,中国的人文主义精神是一种"普遍生命流行的境界"。

　　是为序。

陈鼓应

2016 年 5 月

开放的心灵与审美的心境

——《庄子》内篇的心学

前言:《孟》、《庄》心学的特点——道德心与审美心

由春秋末期到战国中期,是古代历史上的大变局:在那苦难的时代,战争频仍,政局动荡不安,人民长期陷入生死存亡的极限困境中。同时代的孟子和庄子对于"心"的议题的关注,反映了那特定时代如何安顿生命的迫切需求。古人认为心是精神活动的主体,因而可以说,对心的重视也就是对生命的重视。

从文献来看,《论语》谈到心只有六处,《老子》谈到心也只有十处。在这苦难时代的前阶段,孔子把"心"和"仁"作了一次松散的联系①,老子则把"心"和"虚"作过一次紧密的联系②。孔、

---

① 见《论语·雍也》:"回也,其心三月不违仁。"心在此处是自觉心的概念,但尚未出现直接与仁联系的显明命题。

② 《老子》第三章:"虚其心,实其腹,弱其志,强其骨。"此处的心也尚未与本源之道有直接联系。

老在"心"概念的理解上虽各有特点,可是尚未在哲学领域中形成一个显明的思想观念。经过一两百年的发展,到了战国中期的孟庄时代,对于心的论说才由隐含性的题材发展成为受到热烈关切的哲学议题。

"心"在《孟子》中出现 120 次,在《庄子》中则出现 187 次,孟、庄的心学在这一概念出现的频率中,展现出前所未有的丰富的思想内涵。孔、老以较为素朴的方式偶尔谈及"心",直到孟、庄时代才各自发展成独特形态的心学,并汇成一股以关怀生命为主题的时代思潮①。

战国中期诸侯各国相互侵伐,导致生灵涂炭的惨状,正如孟子所说:"老弱转乎沟壑,壮者散而之四方者几千人矣。"(《梁惠王下》)庄子也说:"今世殊死者相枕也,桁杨者相推也,刑戮者相望也。"(《在宥》)孟、庄目击广大苦难人民的悲惨命运,而发出如此悲痛的呼声,反映着这样的时代意义:

第一,对于人类处境的反省。在那烽火不息的时代环境中,孟、庄借由心的议题发出了拯救苦难人群的呼声。

第二,在生命关怀的前提下,思考着整体人类精神生活的出路以及个体内在世界的展示。

第三,个体意识的觉醒,唤起价值主体的重建。由各自的学说出发,孟子着重在道德意识的发扬,庄子则关注于人类精神生

---

① 唐君毅先生说:"中国思想之核心,当在其人心观……道家庄子一派,其言人心者尤多。""吾人生于今世,尤更易觉到庄子所言人心之状,远较孟子、墨子所言人心之状,对吾人为亲切有味。"(《孟墨庄荀之言心申义》,《新亚学报》1995 年一卷第 2 期)

活中的自由如何可能的问题,以及由此种自由精神所透露出的审美意识及艺术情怀。

处于古代文明"轴心时期"的孟、庄,开创了心学的两大领域——孟子所开辟的道德领域和庄子所开拓的审美领域,它们在古代文化史上交相辉映。他们以不同的理想诉求,企图实现以道抗势的理想:孟子是在各国间奔走呼吁,期望继承孔子以道德治世的理念,由是打开了一条士人入仕的路途;庄子则塑造了一个独特风格的文人传统。两种理想表现出不同的途径,在精神生活中,一个是道德意识的阐发,一个则是审美意识的高扬,两者如何进行对话,倒是值得我们深思的一个议题①。

学界有关孟子心学的讨论很多,而关注庄子心学者罕见。本文以《庄子》内篇心学为题②,诠释其开放心灵与审美心境。

一、《逍遥游》:"游心于无穷"

(一)"逍遥"义——困苦中自得自适的心境

早年初读《庄子》,对于《逍遥游》中所表达的思想自由和精神自由的主旨,产生极大的共鸣。我深感庄子是古代知识分子中第一个对于"自由"提出深刻思考的哲学家。当我理解《逍遥游》之自由主题的同时,也就曾留意到篇末一句"安所困苦哉"透露

---

① 《庄子·田子方》上假借温伯雪子与孔子相互交谈的一则寓言,提出了庄子学派对儒家"明乎礼义而陋于知人心"的评语。这不仅反映了道家眼中儒家学说的擅长和缺点,也道出了道德心与审美心在内涵上的差异。

② 《庄子》的内七篇虽然各自独立成篇,却有一个整体性的关联。例如道德之旨、有无之境、虚明之心的主题贯穿于各篇之间,成为其中心思想,而心论——心神与心思作用——的阐发,尤属内篇之核心观念。

出的庄子那个时代生存环境的讯息。篇末一段话庄子借"狸狌"的跳跃，暗写当时知识分子的遭遇，生动地描写了知识分子的言行活动，终于导致"中于机辟，死于罔罟"的悲惨结局。这使我对先贤同道们在政治环境的压力下，渴望思想自由、广开言论的结局感同身受。所以，我一直能体会庄子的"逍遥"并非在空想的高塔上乘凉，他的"逍遥"可说是寄沉痛于悠闲，其生命底层的愤激之情其实是波涛汹涌的。

　　近年来，每次重读《逍遥游》，就会想到更多的一些问题。我看到许多自以为或被视为"民主"的国度，在政治的活动空间或法律条文上，虽赋予人们相当程度的自由，但是精神病患者却与日俱增。这种情景，使得我对《逍遥游》篇旨从思想自由上进行解读的同时，也留意它在精神上"自得"、"自适"的内涵。这样，我们用"自由"、"自在"来释"逍遥"义①就会全面些。

　　"逍遥"为"游"之写状，"游"乃主体"自得"、"自适"之心境②，本篇主题可以用"游心"来概括——"若夫乘天地之正，而御六气之辩，以游无穷者"。"以游无穷"即是"游心于无穷"（《则阳》），庄子运用浪漫主义的文风描绘心灵游放于无所羁系的天地境界。下面我以鲲鹏寓言为例，分析有关庄子心学的一个

---

① "逍遥"一词，最早见于《诗经·郑风·清人》"河上乎逍遥"，蕴含安闲自得之情状。《楚辞》中"逍遥"一词多见，如《离骚》"聊浮游以逍遥"、《远游》"聊仿佯而逍遥兮"等等，当晚于庄子。而"自由自在"已成为今日流行语词。一般人多以为"自在"来自于佛教，而"自由"则由现代西方传入，实则古已有之，"自由"谓依己意行事，不受限制，《礼记·少仪》"请见不请退"，东汉郑玄注："去止，不敢自由。""自在"较早见于《汉书·王嘉传》："大臣举错，恣心自在。"

② "自得"、"自适"屡见于《庄子》，如"自适"见于《骈拇》，"自得"屡见于《骈拇》、《在宥》、《天地》、《天运》、《秋水》、《让王》等篇。

面向。

（二）鲲化鹏飞寓言所隐含的多重义涵

如果说柏拉图的哲学归属于想象哲学,而亚里士多德的哲学归属于概念哲学的话,那么我们也可以说,老子的哲学归属于概念哲学,而庄子的哲学则归属于想象哲学。庄子开篇所展示的"鲲鹏展翅"的寓言,无疑是一则想象哲学中具有典范性的题材。它是如此夸张地呈现在世人的眼前:

> 北冥有鱼,其名为鲲。鲲之大,不知其几千里也。化而为鸟,其名为鹏。鹏之背,不知其几千里也;怒而飞,其翼若垂天之云。是鸟也,海运则将徙于南冥。南冥者,天池也。

这则深富人生哲理的寓言,不同的人读后会作不同的解读;即使同一个人在不同的时期、不同的心境下阅读,也会产生不同的体验和理解。我从如下几个方面谈谈个人解读的方向。

（1）人生的动态历程

早先读鲲鹏寓言时,我常把它和尼采《查拉图斯特拉如是说》第一卷首章"精神三变"联系起来。"精神三变"意谓人生经历三种形变和质变:最初是骆驼精神,坚忍负重、奔向荒漠;而后转变为狮子精神,向不合理的传统和现实说"否"（"No"）;但抗击旧价值包袱的狮子精神不足以创新,所以精神还得转换而为婴儿。婴儿精神代表着创造新价值的开端①。而庄子运用拟人化的艺术手法创造鲲化鹏飞的寓言,意味着人生的历程如鲲之深蓄

---

① 老子的"反"（"返"）、"复",和庄子的"终则有始",蕴涵着再始更生和更生再始的意义,和尼采创造新价值的婴儿精神相通。

厚养,待时而动,转化为鹏,鹏待势而起,以施展其凌云之志。

我读《庄子》总是欣赏他的"放",而每次讲庄子总不自觉地散发出他那"放"的精神①。但在"放"与"收"之间,道家的骆驼精神——老子的"深根固柢"、庄子的"深根宁极"——同样使我铭记在心。

(2)工夫通向境界的进程

为欲突破世人拘泥于物质形相而囿于小知小见,庄子于是运用丰富的想象力构绘出这则惊世骇俗的鲲鹏寓言,诚如明代戏曲家汤显祖所说,"奇物是拓人胸臆,起人精神"(《续虞初志》评语)。

鲲鹏寓言由鲲之潜藏而至鹏之高飞,复喻示着人的心灵由沉积而高举②,此中亦蕴含着庄学的修养工夫③而通向境界的进程。

"欲穷千里目,更上一层楼",人生高远的境界,并非一蹴而就,需要拾阶而上,层层攀登。老子曾说:九层的高台,是从一筐筐的泥土累积起来的;千里遥远的路程,是从脚下迈步走出来的(《老子》六十四章:"九层之台,起于累土;千里之行,始于足下")。远大的事业,需要毅力和耐心一点一滴地累积出来④。庄

---

① 至于尼采的"狮子精神",则在《庄子》外杂篇中随处可见,这和时代思潮的走向有关。儒学伦理工具价值的弊端越来越昭彰,遂引发庄子学派众多思想敏锐的弟子门人"万窍怒呺"。而庄书中尼采式的"狮子精神"所流露的"价值重估"的呼声,也是庄学长期使我激荡不已的原因。

② 这里也使我想起尼采的话:"如果要观察万物的表层和深层,你必须要超越自己而攀登——向上,向上,直达群星都在你的脚下。"(《查拉图斯特拉如是说》第三卷,第一章)

③ "工夫"这个概念,在中国哲学中儒释道都共同使用。但是,此概念最早是出现于晋代道家葛洪的《抱朴子·遐览》中:"艺文不贵,徒消工夫。"

④ 正如胡林翼所说:"办大事,以集才、集气、集势为要。"(马其昶《庄子故》引)

子笔下鲲化鹏飞的过程中,首要强调积厚之功,其后文说:"夫水之积也不厚,则其负大舟也无力……风之积也不厚,则其负大翼也无力。"行文中,"化"、"怒"("努")、"海运"、"积厚"等关键语词,无不蕴涵着鲲化鹏飞需要具备主客观条件:海水深厚,才能畜养巨鲲;海风强劲,才能运送大鹏——这是所需的客观条件。鲲的潜藏海底①,深畜厚养,乃能"化而为鹏",鲲的变化("化")需要经年累月的养育之功,乃能由量变到质变——"积厚"的功夫是完成生命气质变化的充分而必要的主观条件。

人生境界的高远,还得在不同的阶段中,创造有利的主客观条件。化而为鸟之后的鹏,不仅要待时而动,乘势而起,更要奋翼高举——"怒而飞",这正是不懈地激发主体潜力、主观能量的最佳写照。

鲲化鹏飞的寓言,蕴涵着由工夫到境界的进程。工夫论(修养论)和境界说是中国哲学的一大特点。以孟、庄为代表的儒道两家,皆专注于主体修心、养性、持志、养气的工夫实践。但在工夫修为上,孟子所呈现的伦理特色与庄子所呈现的艺术精神,正反映出儒道两者在"道德境界"与"天地境界"的不同②。

王先谦《庄子集解》曰:"无所待而游于无穷,方是《逍遥游》一篇纲要。"鲲化鹏飞寓言之后,庄子有一段使用了论说方式来

---

① 庄子以鲲之潜藏海隐喻人生过程中扎根的重要性。这里再度使我想起尼采《查拉图斯特拉如是说》中"漫游者"的话:"最高的山从何处来? 我曾反问。后来,我知道它是来自海底。这证据已刻在它的岩石和绝壁上。最高的峰顶来自于最深的谷底。""现在你正通往伟大的路途! 峰顶与深谷——它们已经合而为一了。"

② 取自冯友兰之境界说。冯先生在《新原人》中提出人生的境界可分为四种:自然境界、功利境界、道德境界、天地境界。

申述《逍遥游》的主题思想,那就是从"知效一官"到"至人无己"这一段,由有所待写到无所待而游于无穷,其思路层层递进,由有我之境达到无我之境:"故夫知效一官,行比一乡,德合一君,而征一国者,其自视也亦若此矣。""一官"、"一乡"、"一君"、"一国"都是像学鸠一样自得于一方的人。接着庄子借由宋荣子破除名,再借由列子破除功,来说明在社会中俗化的人总是有待于别人所给予的外在功名来装饰自己,而至人是无心邀功、无意求名,能够摒弃小我,突破世俗价值的羁囚桎梏,而经由体认宇宙的广大,使自己的心思开广,以与构成他的最高的美好的宇宙合而为一,而成为宇宙的公民。

《逍遥游》中由鹏程万里所打开的视域"天之苍苍……其远而无所至极邪",就是至人"乘天地之正,而御六气之辩,以游无穷"的最高境界,也正是遨游于无穷世界的宇宙公民的写照。

(3)学鸠之"蓬心"与鲲鹏之"大心"的对比

"开放心灵与价值重估"是我早先论述《逍遥游》篇的题目①。简言之,《逍遥游》主旨便是以开放的心灵从宇宙规模去展现人生的意义。

《逍遥游》起笔便拉开了一个广阔无边的世界:鲲鹏之巨大"不知其几千里也"。而"北溟"、"南溟"、"天池"更为广漠无涯。俗话说:"海阔凭鱼跃,天空任鸟飞。"庄子借由变形之物打开了一个无边无际的世界,开拓出极为宽广的视野,诚如林云铭《庄子因》所说,"'大'字是一篇之纲"。而形的巨大乃是用来衬托心

---

① 拙文《逍遥游的开放心灵与价值重估》,刊于 1972 年《大陆杂志》,并收入拙作《老庄新论》。

的宽广。后文"旁礴万物以为一"正是描述至人的开放心灵、神人的广阔心胸。"旁礴万物以为一"出自"肩吾问于连叔"一段寓言。在这段对话式的寓言中,"心"字未及一见,却笔触所及,处处在暗写心神的灵妙作用。肩吾与连叔问答中写"藐姑射之山,有神人居焉,肌肤若冰雪,绰约若处子。不食五谷,吸风饮露。乘云气,御飞龙,而游乎四海之外"。庄子运用浪漫主义超越现实的艺术手法,意在超越物质形相的拘束,以突破现实中的种种藩篱。

《逍遥游》描绘神人的形象,却意在写心。如"其神凝"是在写心神的专注;"乘云气,御飞龙,而游乎四海之外"则是写心思的自由奔放;"岂唯形骸有聋盲哉?夫知亦有之"则由形体的残缺引出心智的残缺,并借由心知的盲者、精神的聋子,对比反差地描述另一种身心康泰的神人具有"旁礴万物"的开阔心胸。

大鹏积厚图南的高远心志,却引来俗世中自得于一方之人所讥笑,因而庄子补充一段蜩与学鸠的寓言,说明在人生的历程中,长途跋涉者,需有丰厚的聚粮①,而蜩与学鸠根本无法理解小角落之外的大天地,故而庄子评论说:"之二虫又何知。"

庄子善用对比反差的手法,由"大心"②的鲲鹏寓言引出"蓬心"的蜩与学鸠。学鸠式的"蓬心"以囿于一方的狭隘的心灵来观看问题,有如柏拉图的"洞穴比喻"中所讲的一群囚徒的洞穴之见,亦如培根所讲的四种需要破除的"偶像观点"。

"小知不及大知,小年不及大年"一段,正是"让人把胸襟识

---

① 如明代释德清(憨山大师)所说:"其志渐远,所养渐厚。"
② 此处"大心"之词,借用先秦稷下道家代表作《管子·内业》"大心而敢"一句。

见,扩充一步"①。接着庄子又作出"此小大之辩"的结语,指出境界有高低,彼此在价值判断上亦有其悬殊②。

(4)多维视角与多重观点

进入到庄子的世界,最让我激赏的便是他那开放的心灵,开启了辽阔的思想空间和适意的精神领域。近年来我又注意到视角主义(Perspectivism)在庄子哲学中的意义③。

开放的心灵才能开拓心的视野,接纳多重观点而不至由片面思考而囿于单边主义的独断作风。以此,鲲鹏寓言启发我们从不同视角来观看问题。

《逍遥游》一开始就突出两种视角——"天地视角"和"人的视角",正如王博在《庄子哲学》中所说:"飞,以及飞所代表的上升,正是《逍遥游》的主题,这种飞可以让我们暂时离开并且俯瞰这个世界,从而获得与这个世界之中不同的另外一个角度。"④

---

① 明代陈深《庄子品节》语。

② 庄子原典的本义已十分清楚,而郭象竟解读为"小鸟无羡于天地,而荣愿有余矣。放小大虽殊,逍遥一也","夫小大虽殊,而放于自得之场……逍遥一也,岂容胜负于其间哉!"郭象以"齐小大"的观点解释《逍遥游》,全然扭曲了庄子的原意。郭注的曲解虽然出于他"物任其性,事称其能,各当其分"的主张,但他那"小大一致"(语见王船山《庄子解》,郭象之误读亦为王船山所承续),不但严重地抹杀了庄子的境界哲学,也一举消解了庄子的工夫进程。如同傅山解庄眉批:"明白说着大小之辩,还要说鹏与蜩一般邪!"及《傅山手稿一束》所说:"读过《逍遥游》之人,自然是以大鹏自勉,断断不屑作蜩与学鸠为榆枋间快活。"(转引自姜广辉《走出理学——清代思想发展的内在理路》,辽宁教育出版社,1997年版,第223页)

③ 不同视角得出不同观点,称为Perspectivism,大陆学者译为视角主义,港台则译为观点主义。有关庄子与尼采的视角主义,请参考刘昌元《庄子的观点主义》(刊在《道家文化研究》第6辑,上海古籍出版社,1995年版)、《尼采》第四章《观点主义及其哲学后果》(台北联经出版社,2004年版)。

④ 王博《庄子哲学》,北京大学出版社,2004年版,第113页。

的确,人在地平面观看是一个视角和一个观点,庄子借地平面以下的海底之鲲观看则是另一个视角和另一种观点,而地平面以上的高空之鹏,又是另一个视角和另一种观点。

这使我联想起尼采在《查拉图斯特拉如是说》第三卷"漫游者"中的这些话:"我是一个漫游者,登山者,我不喜欢平原,我似乎无法枯坐太久。""现在你正走上这条伟大的路! 峰顶与深谷——它们已经合而为一了。""如果你没有梯子,就必须学习如何攀上你自己的头顶上。""登上你自己的头顶而且超越你自己的心! 现在你身上最温柔的部分必须化为最坚强的部分。""一个人必须学会从自己远望出去,才能看得更多:这种坚强的意志是每一个登山者所必备的。"

尼采"漫游者"诗篇中的话语,和庄子鲲化鹏飞的寓言,有许多相通之处。其一,打破习俗平面视线的片面观点。其二,为多角度观察,必须离开你自己——离开你自己所习以为常的观点("超越你自己的头顶和你自己的心");由鲲潜而鹏飞的历程,正如尼采在《冲创意志》中所说中的:"每一次人的提升都会带来较狭隘观点的克服,每一次意志力的增加都会开拓新的观点,并意味着开启新的视野。"其三,"峰顶与深谷——它们已经合而为一了。"这是尼采式的天人合一。而鲲化鹏飞,层层超升,突破种种藩篱,使人心思遨游于无限宽广的宇宙("游于无穷者"),这是庄子式的"独与天地精神往来"的生命境界。

视角主义为尼采所倡导,尼采在《道德的谱系》中说:"只存在一种带有视角的观察(a perspective seeing),只存在一种带有观点的认识(a perspective knowing)。而且,我们越是容许对一件事物表露出不同的情感,我们越能够接纳较多的眼光。用不同的眼睛去观察同一件事物,于是我们对这件事物的'概念'、我们的'客观性'就越加完整。"①

"使用较多的眼睛"、"不同的眼光"去观看同一事物,这正如苏东坡游历庐山时所写下的一则不同视角产生多重观点的诗句②。而庄子鲲鹏寓言所揭示出不同的视角,也正反映了庄学多重观点的开阔视域。

庄子借着鹏的飞腾超越狭隘观点,带给人一种前所未见的新视野。

二、《齐物论》:"以明"与"道通"

(一)众美会聚而相互会通

《逍遥游》与《齐物论》以自由与平等为主题,自古到今乃人类最为向往的一种情景和境界。

《逍遥游》以寓言文学的体裁,借由各种物形的巨大,以衬托人心的宽广;借大鹏之高举,写开放心灵所开启的新视域;并借神

---

① 尼采《道德的谱系》,第三章第十二节。在这段话的前面,尼采批评了西方传统形上学臆设所谓"纯粹理性"、"绝对精神"等概念。尼采反对传统主观主义者以单一观点去论断事物的独断论点,而提出多维视角多重观点去观察事物,由是而激发人的创造力与诠释力。

② 苏东坡游庐山作《题西林壁》(按:西林为佛寺名,在庐山西麓):"横看成岭侧成峰,远近高低各不同。不识庐山真面目,只缘身在此山中。"这首著名的诗句,正可用来解读《逍遥游》所说的"小大之辨"。学鸠囿于一隅的"小知",由于处境与自身视角的局限,当然难以认识宇宙之大全;"大知"则从不同视角观看(远、近、高、低等之不同观点),以认识天地之多重面貌与情景。请参看刘昌元《尼采》第四章的精辟分析。

人"旁礴万物"的广大格局,写至人游心于无穷的精神境界。而
《齐物论》则以哲学论文的形式,写人间思想言论的活动,以及彼
此之间如何相尊相蕴、相互会通。

《齐物论》蕴涵"齐物"之论与平齐"物论"两方面的重要内
容。"物论"有大小、歧出、疏散等特征;万物殊异,"不一其能,不
同其事"(《至乐》),自然会流露出多样性的景观。"齐物"之
"齐"则含有平等、同通、共识、统一、整全等意涵。万物作为"殊
相"所呈现的众美景象虽千差万别,却可相互会通,并以平等观
之。故"齐物"则众美会聚而共成一天。

(二)"相尊相蕴"的齐物精神

《齐物论》中议题众多,主题则是"齐物"之论与齐"物论",这
两条主线在篇中交叉出现:(1)万物平等观。在万物同根同源的
宇宙论基础上①,庄子提出他的"物化"说和"天地与我并生,而万
物与我为一"的齐同境界。庄子的齐物精神,看待生存于天地之
间的各色人等所创造的民族文化及其生活方式,各具特色,平等
视之。(2)物论齐同说。对于人物之论("物论"),庄子从正反两
面进行论述,即从正面而肯定开放心灵、开阔心胸所发出的言论,
并从负面批评封闭心灵、狭隘心胸所发出的成见。这里先论齐物
精神,下一节再说物论的心境。

万物平等观可说是《齐物论》的主体精神。这种万物平等的
精神在《齐物论》篇中作了三个方面的陈述。

---

① 在宇宙生成论上,庄子首创气化论,认为人类万物均同根同源于"一气"(《知北
　游》"通天下一气耳"、《大宗师》"游乎天地之一气")。

其一,"物固有所然,物固有所可"。

《齐物论》开篇由正反面接连谈人物之论,至"天地一指也,万物一马也"转入论"齐物"。"道行之而成"一段,曰:"物固有所然,物固有所可。无物不然,无物不可。"这几句话言简意赅地突出了齐物的精神。"物固有所然,物固有所可"即是肯定各物都有其存在的理由及其独特的价值。在这种情况下,庄子所说的"齐物"是不齐之齐,齐与不齐需要辩证地来看。庄子比先秦各家都重视个体的殊异性,《则阳》篇还提出"万物殊理"的重要命题——意即每个东西都有其特殊的生成样态及运行法则。然而,个殊之间是否形成互不相涉的孤立存在?个殊之间如何会通?庄子进一步指出,个别的存在在宇宙的整全里面可以得到相互会通,所谓"举莛与楹,厉与西施,恢诡谲怪,道通为一"。这是说各物虽然千差万别,但在"道"的世界里,却可以相互会通。这里一方面肯定了各物的殊异性,另一方面又从同一性与共通性的角度,将个殊通向整全,在"道"的整全世界里打通了万有存在的隔阂。

其二,"道通为一而寓诸庸"。

继"恢诡谲怪,道通为一"之后,接着一段说:"唯达者知通为一,为是不用而寓诸庸。"前者是由殊相说到共相,后者是由共相说到殊相。前者由肯定千姿百态之殊相的同时,说到在共相中众星闪耀而共会一天;后者再由存在大全之共相中,强调任由殊异性之万有尽己所能,发挥各自的作用。统言之,庄子意在申论殊相与共相之相互涵摄性。落实到现实世界,此处借通达之士了解"道"的世界里同通的精神和变通、互通的精神("唯达者知通为一"），并进而论述各色人等发挥殊异的智能才性。"寓诸庸"——寄寓于各物的功用上——也正是对"万窍怒呺"、"吹万不同"的意义的肯定。

其三，"相尊相蕴"的和谐精神。

长梧子与瞿鹊子的对话中谈到："以隶相尊……万物尽然，而以是相蕴。"这是说，将卑贱的和尊贵的等同看待，万物都归于一体，而相互含蕴在大全的世界中。我把这段原文用"相尊相蕴"这一命题来表述。"相尊相蕴"正是齐物精神的体现，它意谓每一个个体的存在样态虽然不同，但都可以互相包容。在道的宇宙大全的王国中，每一个人都可以发挥各自的功能，彼此在社群里面也能相互尊重；这齐物精神境界，要有开阔的心胸才能达到。

以上论述说明，从道的整全观来看，个体之间彼此可以相互蕴含，并且，个体之间交互构成了一个和谐的整体。下面论述物论之齐同和"以明"、虚心的关连。

（三）物论之齐同与"以明"之心

1.虚明之心境——"吹万不同"

《齐物论》无论齐物或物论，其主题都和心境有关。而"物论"——人物之论，核心议题便是"心"。开篇首段主旨，便在"形"、"心"对立及其合一的身体观中，突出"心"的作用。

（1）隐机而坐——"吾丧我"的境界。

南郭子綦隐机而坐的寓言，道出由工夫到境界的进路。跟庖丁解牛（《养生主》）、佝偻承蜩（《达生》）一类寓言相似，这里借隐机而坐透露出修炼工夫的几个进境：其一，为修炼的时间历程（如谓由"昔"至"今"的历程，所谓"今之隐机者，非昔之隐机者也")；其二，为身体运作的历程（如谓肢体在锻炼中的保持稳定性，所谓"形固可使如槁木"）；其三，为精神的凝聚的作用（如谓心神在锻炼中的专一状态，所谓"心固可使如死灰乎"）。在修炼工夫的过程中，心神的作用最为紧要，放松（"荅焉"）、专注、静定，才能使心境层层提升，达于"吾丧我"的精神境界。

"吾丧我"即是由破除偏执成心的小我（"丧我"），而呈现"万物与我为一"的大我（"吾"）之精神境界。

（2）三籁和唱——"众窍为虚"。

"隐机而坐"而达于"吾丧我"的境界，关键即在于"心"上做工夫——下文描绘地籁"众窍为虚"，正是心境虚明的写照。

南郭子綦由坐忘工夫呈现"吾丧我"境界，接着转笔到"三籁"，拉开了一幅美妙的画面，描绘了天地人互放一曲的动人乐章的情景。"三籁"的议题中，虽然实写地籁，而虚写天籁与人籁，事实上，只是形象化地用以比喻人心所发出的音响。

三籁一节，真是千古奇文。看地籁一段，一放一收之间，写"万窍怒呺"，犹如万马奔腾，不可收拾；忽而笔锋转出"众窍为虚"，犹如秋空寒月，万籁俱寂。我们且从文学欣赏转到哲学思考："众窍为虚"，与后文"莫若以明"相对应，形象地描写了虚明的人心。虚灵明觉的人心（"众窍为虚"），对发出的言论慧见，虽参差不齐（"吹万不同"），却有如聆听天地间发出的自然声响一般，交织会通而成一首和谐的交响曲。

2."言非吹也"——"成心"与"以明"的对比

庄子对于人心的作用有着深刻的洞察。在《齐物论》中，他总是以交叉论述的方式，透过对比反差的手法，以辩证的眼光分别描写认知心在正面和负面的作用。首先,庄子以"大知闲闲,小知间间"①来说明世俗的人以"成心"的作用,在学派的竞争中,在"日以心斗"的过程中,将自身的生命陷溺于"是其所非而非其所是"的言论争斗,而以师心自用,将自己和他人的世界割裂开来,而造成人与人之间的隔阂与断裂。接着,庄子由"成心"说到"小成",再说到"莫若以明",也就是要人去除成见,摒弃私意,透过虚静的工夫,使心灵达到空明之境——这"以明"之心能无所偏执地观照外在的实况。

前文所述的"众窍为虚",就是形象化地描写"以明"的虚明心境。拥有这种开放的心灵,万物之间就能够相互观照而互为主体。虚明的心境即是以"照之于天"去认识宇宙中的所有事物,这种不带有主观性的认识,能撤除"成心"所构作的主观成见,而直接以开放的心灵去照见事物的本真情状,正如宗白华在《美学散步》中所说,"如实地反映多彩的世界"。

3."十日并出"——开放心灵的写照

儒家主张"天无二日"(《礼记·曾子问》),而庄子则创造"十日并出"的寓言。《齐物论》在尧问舜的故事中,写出封闭的心灵与开放的心灵之不同。"存乎蓬艾之间,若不释然",说明封闭的心灵缺乏受容性,而"十日并出,万物皆照"即是开放的心灵的写照。

人间言论呈现百家争鸣的景象,归因于开放心胸的激发。庄

---

① 此处"大知"、"小知"乃是就认知心的作用,描写无论知识广博或细别者,因出于"成心",两者恒处于"日以心斗"相互排斥的是非漩涡中;《逍遥游》中的"大知"、"小知"则是用来描写鹏鸟与学鸠在生命境界上的高低。两者语境不同。

子对于人物之论崛起及百家齐放的景况,作了如上多层的论述。统言之,首节"万窍怒呺"写虚灵明觉的人心("众窍为虚"),在思想界开创出多元并起、异声而和的繁盛局面。此节意在写广大的心胸所激发出的创造能量。接着,庄子又运用对比的手法,一面举儒墨之辩为例,沉痛地指陈狭隘心胸之流于武断排他("以是其所非而非其所是")而形成单一的世界。同时,在"成心"之单边思考的对比中,庄子再度强调开放心灵才能如实地反映多彩的世界、认知事物实然的状态("照之于天")。此节庄子从认知角度出发,抒写认知心之探索客观世界真相的作用。第三个事例说到"十日并出,万物皆照,而况德之进乎日者乎",隐含性地意味内圣之道——"以明"之心——可以开创出万民受惠的外王之道的成果。

在《齐物论》的篇末,庄子创造了"罔两问景"这一令人费解的寓言,影子的回答全以疑问的口气,意谓似有所待,实无所待。学界不解寓言的意旨,而往往以郭象的"天机自尔"、"天机自张"的观点来作为解释,实则庄子乃是以宇宙整体观的思维,说明宇宙间一切存在都有其内在的联系,在相互关连中,共同构成一个有机的整体。

在这种万物相互蕴含的宇宙整体观中,我们才能够了解庄周与蝴蝶在宇宙大化流行中的流变性("物化")。庄子或蝴蝶作为个体生命的显现("分"),虽在有限的时空中,但却能保持"自喻适志"的心境,才有助于我们以审美的眼光,欣赏庄周达观的人生态度。

三、《养生主》:由技入道的艺术活动

(一)道艺之境与心神活动

《养生主》以护养生命的主宰作为篇名,而生命的主宰在于心神。古人认为"心"是主宰人身的思维器官(如《孟子·告子》说"心之官则思"、《管子·心术上》说"心之在体,君之位也。九窍之有职,官之分也"),《庄子》内篇论述心的思维功能之外,更阐扬心的神妙作用。如前所述,《齐物论》论及"成心"和"以明"之心,当属心思的作用;而《逍遥游》所突出的"游"和《养生主》着重的"神",则属心神的作用。《养生主》篇末云:"指穷于为薪,火传也,不知其尽也。"这里,庄子以"烛薪"比喻人的"形体",以"火"比喻人的精神,喻指形体和烛薪有时而尽,但人的思想生命和精神生命却得以传承延续。

《养生主》篇中,庄子特意强调生命中心神的重要性。他用了一个生动的譬喻,写沼泽里的野鸡,走十步才能啄到一口食,走百步才能喝到一口水,但它并不愿意让人关在笼子里畜养。庄子用"泽雉"来类比人向往精神自由。《养生主》的主题彰显人的心神作用,"庖丁解牛"的寓言也提到了高超的技艺中心神的巧妙运作。

"庖丁解牛"和"鲲化鹏飞"、"庄周梦蝶"都已成为《庄子》内篇中家喻户晓的寓言。现在让我们来解读庖丁解牛这寓言的丰富意涵。

"庖丁解牛"从宰牛之方喻养生之理,由养生之理喻处世之道①。而这寓言尤引人注意的是它由技入道所蕴含的哲学和艺术的意涵。由技艺而呈现道境的学说,屡见于《庄》书。如《达生》篇中"佝偻承蜩"、"津人操舟"、"梓庆为鐻"及《知北游》中"大马之捶钩者"等寓言,皆倡导由技入道的哲理。我们以庖丁解牛为范例,辅以同类型寓言来解读庄子在哲学史上首创的道与技艺关系的学说之意涵。以下即据文本依序解析:

> 庖丁为文惠君解牛,手之所触,肩之所倚,足之所履,膝之所踦,砉然向然,奏刀騞然,莫不中音。合于桑林之舞,乃中经首之会。文惠君曰:"嘻,善哉!技盖至此乎!"庖丁释刀对曰:"臣之所好者道也,进乎技矣。始臣之解牛之时,所见无非全牛者;三年之后,未尝见全牛也。方今之时,臣以神遇而不以目视,官知止而神欲行。依乎天理,批大郤,导大窾,因其固然,技经肯綮之未尝微碍,而况大軱乎!良庖岁更刀,割也;族庖月更刀,折也。今臣之刀十九年矣,所解数千牛矣,而刀刃若新发于硎。彼节者有间,而刀刃者无厚;以无厚入有间,恢恢乎其于游刃必有余地矣。是以十九年而刀刃若新发于硎。虽然,每至于族,吾见其难为,怵然为戒,视为止,行为迟。动刀甚微,謋然已解,如土委地。提刀而立,为之四顾,为之踌躇满志,善刀而藏之。"

庖丁解牛的动作构成如此生动的画面,"合于桑林之舞,乃中经

---

① 请参看拙著《老庄新论》修订本第二部分庄子文集《内篇诠释·养生主:精神生命的阐扬》(商务印书馆,2008年版)。

首之会"。庖丁举手投足之间皆能合拍于雅乐的美妙乐音,并表演出优雅动人的舞姿。这艺术形象流露出一种令人赞赏不已的审美意趣,也构绘出主体技艺之出神入化于挥洒自如的自由境界。

(二)由技入道的历程

庖丁由技艺而臻于道境,为道家由工夫到境界开辟一条新路。下面我们来解析庄子陈说由技入道进程的诸多特点。

1.学习技艺的时间历程

庖丁的技艺能达到如此神奇的地步,乃是因为他不间断地操练工夫,经历了初学时("始臣之解牛之时")、"三年之后"、"十九年矣"的长期实践累积的过程,才越来越体认到其中的奥妙——掌握到牛体的生体结构、筋络的理路、骨节间的空穴,如是依着自然的纹理("依乎天理"),顺着本然的结构("因其固然"),"游刃有余"地进行运刀动作。这好比"佝偻承蜩"故事描述驼背老人黏蝉习艺的过程:初学时在竿头上累叠两个弹丸,经五六个月的训练之后累迭三个弹丸,再经若干日月的练习而累迭五个弹丸。这都说明练艺过程中操作的持续性。

2.艺能专精的磨练过程

学艺时日越久则技能越专精,这要在持之有恒,用庄子的特殊术语——"有守"。"梓庆为鐻"的寓言中提出了"巧专"的概念,"大马之捶钩者"年高八十而打造带钩分毫不差,问他是手巧呢,还是有道术,他回说,我"有守"。庖丁的由技入道,正是技巧专一、艺能专精,志于道而有所持守之故。庄子笔下艺人之"巧专"而"有守",对于学术研究者有很大的启发。"博"与"约"之间是可以互补的,但博而不约常流于浮谈无根;要学有专长则需博而后约,"巧专"与"有守"是为"守约"之道。

由技入道的过程中,主体的身体运作与心神投入是最为关键的因素。

3.由形入神的操练历程

"由形入神"而"神以统形"是由老到庄的一个重要发展。在形神关系上,庄子也认识到"其形化,其心与之然"(《齐物论》),因而在身心的修养上提出"形全精复"(《达生》)、"守形抱神"(《在宥》)的主张。但在由技入道的过程上,庄子则"由形入神"而突出强调"神以统形"。由于庄子惯于使用浪漫主义的夸张手法,常使人误以为在技艺操作时只靠心神活动而无需肢体运作工夫,如庖丁解牛时,"以神遇而不以目视,官知止而神欲行",事实上神行的自如乃是对官能的作用("目视"、"官知")的长期体验中得来的。因此,欲得其"神",必须入其"形"[①]。也就是说,在技艺锻炼的过程中,必须以肢体的训练作为基础,才能达到心神的灵妙运作,如庄子对于庖丁在操刀过程中的细腻描述:"手之所触,肩之所倚,足之所履,膝之所踦。"其中,肢体的各部分都以精准无误的配合构成一个协调无间的纯熟动作,以此种肢体的纯熟配合,庖丁在解牛之时才有可能体现出"合于桑林之舞"的美妙姿态。这种舞姿可说是经过重重习练的焠炼而得。可见,"形"与"心"在艺术活动的创作转化中,有着密不可分的关系。为了达到心神运作的灵妙,肢体必须在漫长的过程中,经过实质的技

---

① 参见成复旺《神与物游》,中国人民大学出版社,1989 年版,第 42 页。

艺操作,方能升华为"游刃有余"的艺术活动。

4.神以统形的艺演过程

在庖丁的操刀过程中,带领着肢体作出配合无间的艺演,"神"、"形"和合才能展现为灵妙的道境以及出神入化的艺术活动。然而,庖丁臻至道境的操刀过程中,是以"神遇"、"神行"为主导。

结合《达生》篇有关寓言及论述来看,在技艺专精的操演过程中,心神活动有着守气、静心、凝神等特色。

(1)守气

在《庄子》的身体观中,《达生》篇有着较完整的论述。《达生》开篇便强调精、气、神的重要作用①。首章借关尹和列子的对话,阐述养神必先养气的道理,并提到至人持守纯气的工夫("纯气之守")。在"梓庆为镶"这由技入道的寓言中,庄子特别提出守"气"、"静心"的心神作用("未尝敢以耗气也,必齐以静心")。

(2)静心

"梓庆为镶"的寓言中,对"静心"的工夫有具体的陈述:"斋三日,而不敢怀庆赏爵禄;斋五日,不敢怀非誉巧拙;斋七日,辄然忘吾有四枝形体也。"《达生》"斋以静心",像是对《人间世》"心斋"作出形象化的描述。两者都是要人从实用中摆脱出来,进而培养一外超功利的艺术心境。所谓"辄然忘形"是形容静定工夫使身体达到不动心的境地。而《达生》另一则寓言"佝偻承蜩"对于技术操练中的身心活动写得更为分明:它先写运身的沉稳,执

---

① 林云铭《庄子因》说:"此篇中大旨发内篇《养生主》所未备,阐出精、气、神三宝妙用。"

臂的静定,再写用心的专一、精神的凝聚("用志不分,乃凝于神")。

(3)凝神

"佝偻承蜩"寓言,总结驼背老人能有如此之高妙技艺,要在心志专一达于"凝神"之境所致。庖丁解牛时,"以神遇而不以目视","怵然为戒,视为止,行为迟",正是对他凝神专注的写照。此外,《知北游》写"大马之捶钩者""年二十而好捶钩,于物无视也,非钩无察也。是用之者,假不用者也",也是强调技艺创作过程中心无旁骛、心神专一所产生的重要作用。

(三)艺术精神体认道境

想象力和美感是庄子创作运思的重要因素。在多项由技入道的寓言作品中,庖丁解牛的构想尤为出奇。宰牛原本是一项劳动强度极大的苦役,庄子笔下却"恢恢乎其于游刃必有余地",洋溢着审美趣味。解牛告成,庖丁"提刀而立,为之四顾,为之踌躇满志",真是淋漓尽致地描绘出艺术创作者审美享受的陶然心境。

诚然,庄子由技入道的寓言,将人间活动提升到艺术的境界。苏东坡读了庖丁解牛,体悟到艺术创作和经验累积的关系,从而说出了这样富有哲理的话:"出新意于法度中,寄妙理于豪放之外,所谓'游刃有余地'、'运斤成风'也。"

庖丁解牛等由技入道的寓言,不仅在美学艺术上留下一笔珍贵的思想资源,也在文学哲学领域中开辟了一道幽扬的思路。就哲学角度而言,"由技入道"的寓言涵摄道与艺的关系问题,以及"为学"通向"为道"历程的议题、创作主体与客体的对立与融合过程等问题,这里因篇幅所限,仅略说前者。

　　在中国哲学史上,作为万物本源与本根的"道"为老子首创。庄子继承之,将老子"玄之又玄"的道,周遍化而普在于万物①,并将老子高远的道落实到人心,转化而为主体生命境界。

　　庄子在继承老子形上之道的同时,便认为无形之道可以心传之、心得之②。在《大宗师》心传道境的提法下,庄子便在《养生主》、《达生》等各篇形象化地通过主体技能所呈现的艺术精神来体认道的境界了③。

　　庄子的"道"大致可分理论上和实践上两个方向来理解,一是从抽象概念思考来描述道体的侧面,一是从人生体验来捉摸道相所呈现的意境④。

　　而宗白华先生在《美学散步》中则说:"灿烂的'艺',赋予道以形象与生命。道给予'艺'以深度和美感。"这些慧见,都是对

---

① 《知北游》载东郭子问道在哪里,庄子曰:"无所不在。"还说:"无乎逃物……周遍咸三者,异名同实。"

② 《大宗师》:"夫道,有情有信,无为无形;可传而不可受,可得而不可见。"此处说道虽不可口授,但可以心传;虽不可目见,但可以心得。道之"可传"、"可得",这是战国道家的一种新的提法。心传道境之说请参看拙文《道家的人文精神》(载《道家文化研究》第 22 辑,生活·读书·新知三联书店,2007 年版)。

③ 徐复观先生指出:"老庄所建立的最高概念是'道';他们的目的,是要在精神上与道为一体,亦即是所谓'体道',因而形成'道的人生观'。"(《中国艺术精神》,台北学生书局,1976 年版,第 48 页)

④ 徐复观先生说:"当庄子从观念上去描述,他讨论它,而我们也只从观念上去加以把握时,这道便是思辨地形而上的性格。但当庄子把它当作人生体验而加以陈述,我们应对于这种人生体验而得到了悟时,这便是彻头彻尾地艺术精神。"(《中国艺术精神》,第 50 页)徐复观先生指出:"庄子的道,从抽象去把握时,是哲学的、思辨的。从具象去把握时,是艺术的、生活的。"(同上,第 241 页)庖丁解牛"由技入道"乃属于后者。徐复观先生在《中国艺术精神》指出,在庄子道的人生观的观照下,通过技艺的工夫所体验的道,实际是一种"最高的艺术精神",徐先生并明确地指陈:"道的本质是艺术精神","是艺术得以成立的最后根据"(同上,第 51 页)。

庄子道、艺关系的最精辟的解说。

四、《德充符》:主体的审美心境

(一)形体丑而心灵美

《养生主》"庖丁解牛"寓言作为一种艺术活动的特色,说明创作主体通过"为学"的积累,最终创作过程中体现出"为道"的艺术境界。而《德充符》则是以浪漫主义的笔法,描绘如"王骀"、"哀骀它"等形体残缺者,在丑怪形象之下,其内在生命却能显现出生意盎然的审美心境,流露出感人至深的精神力量。庄子对于形体丑的描写,乃是为了衬托出心灵之美,这使我想起了苏东坡的诗句:"粗缯大布裹生涯,腹有诗书气自华。"

内在生命圆满充实的人,即便其外形是"恶骇天下",也不会遮掩其人格之美,这体现出庄子对于内心涵养的崇高追求。而这种内在生命的圆满的修养境界,庄子称之为"德"。

《德充符》主旨在于阐扬具有丰富生命内涵的有德者。庄子所指称的"德",由伦理性的意义提升到世界观的意义①。《德充符》篇中所描绘的理想人物,为怀抱审美心胸而体现宇宙精神的人②。本篇分六个章节,从各个面向阐发忘形重德者的人格型态与思想风貌。首章写兀者王骀,具有统一的世界观,"物视其所

---

① "德"在商代卜辞中已出现,西周时代已普遍使用而成为重要的伦理学概念(《尚书·周书》中屡见)。老子一方面保留传统文化的意涵(如"上德若谷"、"报怨以德"等用词),与孔子所用意义相同,但在哲学语词上,将"德"转化为万物所以生存的内在根据。《庄子》所谓万物得到道而生成(《天地》"物得以生谓之德"),正承此义。

② 请参看拙文《德充符:理想人物的审美心胸及宇宙精神》,收于《老庄新论》。

一"——把万物看成一个不可分割的整体。第二章写兀者申徒
嘉,是一个"游于形骸之内"的士人。第三章写兀者叔山无趾,视
生死相连,可与不可相通("以死生为一条,以可不可为一贯
者")。第四章写貌丑的哀骀它,"才全而德不形"。第五章写两
位外貌奇异的人,"德有所长而形有所忘"。最后一章写惠子与
庄子讨论"无情"的含义:"不以好恶内伤其身"。综合各章意旨
看来,《德充符》全篇神贵于形的主题思想是很明确的。庄子运
用浪漫主义文风的夸张手法,以形体丑来突显心灵美,是为中国
美学史乃至世界美学史的第一人。本文以首章及第四章为例,论
述庄子所阐发的审美心境。

(二)"游心乎德之和"——审美主体遨游于道德和谐的境界

《德充符》开篇运用对比反差手法描写寓言人物王骀的身体
残缺与内在精神之完美。兀者王骀从事教学工作,他的弟子和孔
子相若,他"立不教,坐不议",行不言之教,而有潜移默化之功
("无形而心成")。王骀的心灵活动有什么独特之处呢?在"其
用心也独若之何"这一议题上,庄子乃藉寓言中的重言人物仲尼
描述王骀这位理想的道家人物,具有这样独特的人格魅力:"守
宗"、"保始"而"游心乎德之和"。——这是说王骀能掌握生命的
主轴,把握事物的根源,因而他的心神能遨游于道德的和谐境界
("游心乎德之和")。

关于"守宗"的话题是这么说起的:死亡和生存是人生的大
事,面对死生的大关,王骀却能保持心灵独立不倚,安于无所依待
而不跟随外物变迁("审乎无假而不与物迁"),且能主宰事物的
变化而持守生命的主轴("命物之化而守其宗也")。

　　"守宗"也可以解释为持守事物的枢纽。在"守宗"的原则下,庄子进一步从认识论立场提出,从不同视角看问题可以得出不同的观点。因而,他说出了这样的名言:"自其异者视之,肝胆楚越也;自其同者视之,万物皆一也。"在庄子的多维视角中,他认可事物的差异性,也肯定事物的同一性。然而,在提到王骀的自身修养时,说到他的"用心"所在是"以其知得其心,以其心得其常心",区别使用了"心"和"常心"的概念,隐含着殊相和共相两种视角。"以其心得其常心"是由自我意识提升到普遍的心灵意识①,也就是由事物差异性的视角提升到同一性的视角。在后者的认知上,王骀拓展了他那开阔的思想视野:"物视其所一"。庄子认为万物在根源上并没有实质性的差别,所以在《齐物论》中说:"天地与我并生,而万物与我为一。"在《德充符》此处,庄子藉寓言人物王骀作了相似的表述:视宇宙万物为统一的整体("物视其所一"),同时主张把众人种种的认识会通到大道的同一的境域之中("一知之所知")。具有这种世界观的人,才能达到"游心乎德之和"的境界。"游心乎德之和"谓审美主体的心神遨游于人生和谐之美的境界。

　　《德充符》"游心乎德之和"是庄子艺术哲学中引人注意的语句。《庄子》内篇还从不同面向言及主体的审美活动。如《人间世》云"乘物以游心",这是一种以艺术精神入世的心态;《应帝王》云"游心于淡",这是在生活中保持超功利的美的鉴赏心态;而《德充符》此处,则将审美主体提升到完满的和谐之美人生境界。

---

① 采取曹础基《庄子浅注》和马恒君《庄子正宗》的观点。

（三）"与物为春"的审美意境

在《德充符》中，庄子以更为夸张手法构画了另一个寓言人物哀骀它，其人相貌奇丑，却有无比的人格魅力。他"未言而信，无功而亲"，男女老少都愿意亲近他，正因为他所散发出的精神力量。在形神关系中，这里再度突出精神生命的重要性（"爱使其形者"）。而哀骀它之所以具有丰美的人格内涵，因为他是个"才全而德不形"的人。

要做到"才全而德不形"，即实现才性的保全和德的不外露，关键处还在于心的修养。言及心的作用，庄子创造了一个新的概念"灵府"，进而阐述了"灵府"的审美活动。原文言简意赅地分别说"何谓才全"、"何谓德不形"。

所谓"才全"，谈到人生的旅程中，总会遭遇到种种的变故和价值的纠结（比如死生存亡，穷达富贵，贤愚毁誉，饥渴寒暑），这都是事物的变化，运命的流行。生命中的种种际遇，有的纠结，可以经由主观的努力而获得改善；有的变故，则人力所无可奈何！最重要的还在于不能让它们扰乱自己平和的心境。

有关"才全"的谈话，有两个论点值得我们留意：其一是它有关"才"的议题的出现；其二是"灵府"的审美意趣。"才全"是讨论如何保全才性或才质的问题。"才"是战国诸子争鸣的一个议题，由才性的议题也可以看孟子和庄子的思路的异同。孟子将才、性混合使用，如《孟子·告子》："富岁，子弟多赖；凶岁，子弟多暴，非天之降'才'尔殊也，其所以陷溺其'心'者然也。"孟子所说"才"和"心"都属伦理性概念，而庄子此处言"才"归结到"心"

则赋予审美意蕴①。

相比于孟子以道德心说才性,庄子则以审美心说才性,首先庄子以"灵府"来形容心灵之涵摄量之丰富,接着描述审美心境之平和安适而舒畅,云:"……灵府,使之和豫通而不失于兑;使日夜无却,而与物为春,是接而生时于心者也。是之谓才全。"②我个人以为这是古典哲学中所保存的一段十分珍贵的美学思想素材,尤其是"与物为春"这一审美观念。下面顺文义依次加以解说。

(1)"使之和豫通而不失于兑",这是谈审美主体或艺术创作主体首先要培养心灵的安然自在,犹如《田子方》一则寓言写画家"解衣般礴"表露出艺术家的神采,宋代画论家郭熙说:"庄子说画史解衣般礴,此真得画家之法,人须养得胸中宽快,意思悦适。"(《画意》)艺术创作者"养得胸中宽快,意思悦适",正是"使之和豫通而不失于兑"的另一表述。

(2)"与物为春,是接而生时于心者也。"这是说与人相处保持着春和之气,与外物接触心中反映着相应的时节的变化。"是接而生时于心者",正如《大宗师》描述真人的人格神态时所说一样,"凄然似秋,暖然似春,喜怒通四时,与物有宜而莫知其极"。"喜怒通四时",如同"是接而生时于心者",都是写主体心神接触自然界时的心理反应。庄子笔下,常巧妙地把自然界拟人化,将

---

① 内篇他处言及才质、才性者,如《大宗师》云"圣人之才"、《人间世》云"是其才之美者也"。按《人间世》以"美"来形容"才",和《德充符》论"才全"之富审美意蕴正相一致。

② "使之和豫通而不失于兑",这句各家标点解读不一。"兑",悦(《释文》引李颐说);"和豫通",即和顺、安豫、通畅。

自然界作为人的情感的对象来反映。在庄子的世界里,人的情意与大自然联为一体,因而心神活动常反映出大自然的节奏,就像宋代郭熙论画时所说的:"春山烟云连绵,人欣欣;夏山嘉木繁阴,人坦坦。"(《林泉高致·山水训》)庄子所谓"喜怒通四时",正是此意。

(3)"与物为春"是写心对物的观照所产生的美境。《庄子》内篇言"心"多达四十余处,我个人最赞赏的莫过于"与物为春"及"乘物以游心"所呈现的审美意境。

"与物为春"①谓心神接触外物像春天一般有生气,与人相处满怀着春日般盎然意趣,这正如《则阳》所云:"其于物也,与之为娱矣;其于人也,乐物之通……饮人以和。"庄子对审美的阐扬,开启了历代诗歌文论的审美思潮②。

(四)"德者成和之修"——和谐修养的境界

庄子申说才性之美("才全"),接着简言德性之和("德不形")。所谓"德不形",就是说德性不要彰显外露,保持内在精神的稳定,不随意受外境所摇荡("内保之而外不荡也")。这是呼应首章"唯止能止众止"的道理。最后一句"德者,成和之修也",则是为呼应首章"游心乎德之和"而提出的。"德不形"所说的这

---

① 宋代林希逸:"与物为春者,随所寓而皆为乐也。"(《庄子口义》)清代宣颖说:"随物所在,皆同由于春和之中。"(《南华解经》)
② 如南朝刘勰《文心雕龙》所说:"献岁发春,悦豫之情畅。"(《物色》)正承"与物为春"之意趣。而《文心雕龙》著名的"神与物游"学说,是说在审美创造中主体的思想感情与景物的形象相融合。其思想源头正出自庄子"与物为春"、"乘物游心"的审美方式。故成复旺教授在《神与物游》的专著中指出:"老、庄是'神与物游'的创始者。"(第4页)

两句话"内保之而外不荡也。德者,成和之修也",想来也颇有意味。前者着重内在生命充实完美的追求,这是《德充符》的主旨,也是道家所崇尚的人格形象。而后者也是对本篇主题思想的再度彰显。庄子为什么屡以"德"、"和"并提(又如《缮性》云"德者,和也"、《徐无鬼》云"抱德炀和")?因为道家的宇宙观、人生观的基本主张是人和宇宙为不可分割的整体,故此进而倡导人与自然的和谐关系、人与人的和谐关系,以及人与自己内在保持平衡状态的和谐关系,这就是庄子所倡导的三和:宇宙的和谐("天和")、人间的和谐("人和")及内心的和谐("心和")①。"德者,成和之修也",正是说"德"的最高境界就是能达到人与自然、人与人的和谐修养的境界。这也就是"游心于德之和"的审美境界。

庄子学说最大的特点,莫过于阐扬"游"和"游心"。"心"是精神活动的主体,"游"是审美心理活动,因而,"游心"不仅是主体精神自由活动的表现,更是艺术人格的流露。

五、"心斋"与"坐忘"——"唯道集虚"与"心通道境"

"心斋"(《人间世》)和"坐忘"(《大宗师》)是精神进入道境的两种修养方法,特别受到庄子研究者的关注。

"心斋"的修养工夫着重心境向内收——由耳而心,由心而气,层层内敛。所谓"徇耳目内通",即使耳目作用向"内通",达到收视返听于内的效果。而"坐忘"的修养工夫则使心境向外

---

① 请参看拙文《道家的和谐观》,刊在《道家文化研究》第 15 辑,生活·读书·新知三联书店,1999 年版。

放——由忘仁义、忘礼乐而超越形体的拘限、智巧的束缚,层层外放,通向大道的境界("同于大通")。两者修养方法之内收与外放虽异,但由工夫通向道境、由"为学"通向"为道"的进程则有同通之处。

"心斋"和"坐忘"论题的提出,由于文义奇特,不仅令人费解,也很容易给读者带来虚无化或神秘主义的误解,因而我们有必要征引原文分别进行解说。

(一)"心斋"的修养方法和境界

有关"心斋"的修养方法和境界,庄子如是说:"若一志,无听之以耳而听之以心,无听之以心而听之以气!听止于耳,心止于符。气也者,虚而待物者也。唯道集虚。虚者,心斋也。""心斋"修养方法,在"一志"的原则下,其步骤为"耳止"、"心止"、"气"道、"集虚"等修炼之功,亦即聚精会神,而后官能活动渐由"心"的作用来取代,接着心的作用又由清虚之"气"来引导。"唯道集虚",意谓"道"只能集于清虚之气中,也就是说道集于清虚之气所弥漫的心境中。这清虚而空明的心境,就叫做"心斋"。"心斋"的关键在于精神专一("一志"),以致透过静定功夫,引导清虚之气汇聚于空明灵觉之心。后人将庄子传"道"的"心斋"方法应用到气功的锻炼上。

从哲学观点来看,"心斋"这段话中,道、气、心三个重要基本范畴及其相互关系值得探讨。而"唯道集虚"这命题,不仅隐含着"道"具象化为"气",并且在老庄文献中首次出现道心合一的思想观念。同时,我们从"心斋"这段话中,很容易联想到战国时代南北道家诸多观点的相通之处①。

    "心斋"修养方法,最紧要的是心神专注("一志"),其进程只简要地这么提示:"无听之以耳而听之以心,无听之以心而听之以气。"这些乍读起来有些玄虚,其实它们是可以被经验或体验到的,那就是从耳目官能的感知作用,到心的统辖功能,而后到气的运行,循序而进,层层提升。以此,所谓"无听之以耳而听之以心",乃是指由"耳"的感官知觉提升到更具主宰地位的"心"来领会②;接着说"无听之以心而听之以气",则是进一步指出把由个体生命最具主导功能的"心"提升到作为万物生命根源的"气"来引导。在庄子观念中,气是宇宙万物的生命力(vital force),宇宙间各类生命都是"气"的流转与寓形③。《庄子》言"气"(共四十六见),从不同的语境来看,在哲学范畴中可以概分为两类:一般多以气为构成万有生命的始基元素,但有时则又将始基元素的气提升为精神气质、精神状态乃至精神境界。

    "听之以气"之后,庄子归结地说:"气也者,虚而待物者也。唯道集虚。虚者,心斋也。"这里的"气",即是指空明的心境或清

---

① 以稷下道家代表作之一的《管子·内业》来对比,两者有诸多相通之处,例如:(1)稷下道家亦强调精神专一("一志"),如《内业》云"一物能化谓之神"、"抟气如神"。(2)稷下道家亦言及引导气聚集于心,如《内业》云"敬除其舍,精将自来"、"灵气在心"。(3)稷下道家亦言及道会合于心,如《内业》云"夫道者……卒(萃)乎乃在于心"、"修心静意,道乃可得"、"心静气理,道乃可止"(请参看陈鼓应《管子四篇诠释》)。

② 正如《管子·心术上》所说:"心之在体,君之位也;九窍之有职,官之分也。"

③ 参看王世舜、王萏《庄子气论发微》,刊在《道家文化研究》第8辑,上海古籍出版社,1995年版。

虚的精神境界①。所谓"虚而待物",即是说空明之心乃能涵容万物,有如苏东坡所说,"空故纳万境"。而"唯道集虚",正是说"道"会集于空明灵觉的心境。

庄子有关"心斋"的学说,一共只有四十六个字,而其中蕴含着的意趣和哲理却一直为后人所引申,而庄子的突出心神作用及其气论,对后代文艺理论有着深远的影响。在当代学人中,徐复观先生对"心斋"为核心的庄子心学所作出的评价,最引人关注。他认为,由"心斋"的工夫所把握到的心,乃是"艺术精神的主体";而且,历史上的大艺术家所把握到的精神境界,常不期然而然地都是庄子、玄学的境界②。下面对庄子"心斋"有关的心("神")、气、道等概念在文化史上的意义,再作几点解说。

(1)在古典哲学中,形、神、气三者并题而论,首出于此。这三者关系,《淮南子·原道训》说得较分明:"夫形者,生之舍也;气者,生之充也;神者,生之制也。一失位则三者伤也。"

庄子在形、心对举中,在心"内"形"外"、心主形从的思维中,为了肯定心神的作用,常突出"神"的概念(如谓"神遇"、"神行"、"神动")。"精神"也是庄子所首创的概念(如谓"精神四达

---

① 涂光社《庄子范畴心解》谓"心斋"这里的"气","指一种至'虚'的空明的精神境界,也指保有生命原生灵慧,无杂于世俗的心性"(中国社会科学出版社,2003年版,第268页)。

② 徐复观说:"庄子之所谓道,落实于人生之上,乃是崇高的艺术精神;而他由心斋的工夫所把握到的心,实际乃是艺术精神的主体。由老学、庄学所演变出来的魏晋玄学,它的真实内容与结果,乃是艺术性和艺术上的成就。历史中的大画家、大画论家,他们所达到、所把握到的精神境界,常不期然而然的都是庄学、玄学的境界。宋以后所谓禅对画的影响,如实地说,乃是庄学、玄学的影响。"(徐复观《中国艺术精神》"自叙")

并流"、"澡雪而精神"、"独与天地精神往来")。美学、艺术上著名的传神说、神韵说,莫不渊源于庄子神贵于形或以神统形的思想。

(2)在绘画美学上,从顾恺之的"传神"到谢赫的"气韵生动"这一条重要的思想线索,也与庄学精神有所联系。诚如徐复观先生所论,"气韵观念之出现,系以庄学为背景。庄学的清、虚、玄、远,实系'韵'的性格、'韵'的内容;中国画的主流,始终是在庄学精神中发展"①。

(3)在文学理论上,从曹丕的文气说("文以气为主")到陆机的《文赋》,已把庄子悟道心境,引入文学理论,用来说明创作构思开始时必具的一种精神状态。"这种精神状况与'心斋'在排除任何杂念的干扰,归于虚静上是相同的。"②

(4)《人间世》说到"心斋"之后,还有一段论说的文字,意谓"心斋"能使心灵通过修养工夫达到"虚室生白"那种空明的境界。这空明的觉心能使"耳目内通",能感化万物。这段话是这么说的:"瞻彼阕者,虚室生白,吉祥止止。夫且不止,是之谓坐驰。夫徇耳目内通而外于心知。"这段话另有一番意趣,所谓观照那空明心境的"瞻阕"、所谓福善之事止于凝静之心的"止止"、所谓耳目感官通向心灵深处的"耳目内通",都是"内视"的提法③。在中国古代思想文化史上,"内视"之说首出于此。

---

① 徐复观《中国艺术精神》第三章《释气韵生动》,第182页。
② 引自罗宗强《魏晋南北朝文学思想史》(中华书局,2006年版,第81页)。
③ 如罗宗强先生说:"内视的提法,来自道家。它的早期的说法,是庄子的'心斋'说。"(见《魏晋南北朝文学思想史》,第81页)。

　　刘勰《文心雕龙·神思》谓："寂然凝虑,思接千载;悄焉动容,视通万里。"所谓"寂然凝虑",可说如"心斋"之内视;而"视通万里",则如坐忘之"同于大通"。

(二)"坐忘"——个体生命通向宇宙生命

　　"心斋"的工夫,开辟自我的内在精神领域;"坐忘"的工夫,则由个我走向宇宙的大我。有关"坐忘"的修养方法及其意境,在《大宗师》中又是以孔子及其弟子的寓言来表述的:

> 　　(颜回)曰:"回坐忘矣。"仲尼蹴然曰:"何谓坐忘?"颜回曰:"堕肢体,黜聪明,离形去知,同于大通,此谓坐忘。"仲尼曰:"同则无好也,化则无常也。而果其贤乎! 丘也请从而后也。"

《齐物论》南郭子綦"隐机而坐",像是《大宗师》"坐忘"的前奏。子綦最后达到忘我之境——所谓"吾丧我"的"吾"——犹如"坐忘"所达到的"大通"境界;而"丧我",则犹如"坐忘"中超越形躯与心智("离形去知")的步骤。而《逍遥游》中的"无功"、"无名"、"无己",其超越身外的功名("无功"、"无名"),一如"丧我",亦如"忘礼乐"、"忘仁义",其无我境界的至人("至人无己"),亦正是达到"同于大通",臻于"天地与我并生"的天人合一之最高境界。

　　"坐忘"提示人的精神通往无限广大的生命境界。如何达到"大通"的道境,这里指出了三个主要的进程:首先是心境上求超越外在的规范("忘礼乐"),其次求超越内在的规范("忘仁义"),再则求破除身心内外的束缚("离形去知")。可见,"坐忘"的修养方法,要在超功利,超道德,超越自己的耳目心意的束缚,而达到精神上的自由境界①。

"坐忘"中最基本的范畴"忘"以及"同于大通"、"化则无常"等命题,为理解"坐忘"说的关键语词;此外,一如心斋说中的"虚"、"静",亦为修养工夫中的不可或缺的观念。下面分几个方面进一步解说"坐忘"说的义涵。

1."坐忘"中的虚静工夫

"坐忘"是通过"静定"的工夫("坐")渐次净化心灵,使之达于如"心斋"之"虚"境②。"坐忘"的"虚"、"静"义涵,源于老子"致虚"、"守静"(《老子》十六章"致虚极,守静笃")。老子言"虚",自道体与天地之状,以至于主体心境,如谓:"道体是虚状的,而作用却不穷尽。"(《老子》四章"道冲,而用之或不盈")并谓天地之间,犹如风箱,"虚而不屈,动而愈出"(《老子》五章)。老子要人破除成见,使心胸开阔(《老子》三章"虚其心"),晓喻人们要虚怀若谷(《老子》四十一章"上德若谷")。庄子则更在主体心境上推进"虚"的义涵,在《齐物论》中他生动地以大地"众窍为虚"而形成万窍怒呺的景象,来形容在思想自由的时代环境中呈现百家争鸣的盛况。在《人间世》中,庄子又从身心的修养工夫("心斋"),提出"唯道集虚"、"虚室生白"等描述精神境界的重要命题。庄子学派还将"虚"与动静观念连结起来(如《天道》云

---

① 参看汤一介《自我与无我》,刊在《道家文化研究》第 10 辑(上海古籍出版社,1996 年版)。

② 如涂光社教授说:"'坐忘'就字面而言是端坐而无思虑的意思。此处的'坐忘'是颜回通过不断的执着精神修养,跨越了几个层次才达到的境界。"(《庄子范畴心解》,第 72 页)

"虚则静,静则动,动则得矣")。

庄子言"虚"既有涤除贪欲与成见的意涵,但更重要的是强调主体心境的灵动涵容的积极作用。庄子用"天府"、"灵府"来形容"虚"心,前者形容心灵涵量广大,后者形容心灵生机蓬勃。《庄子》内篇言"虚"不言"静",但"坐忘"之坐姿已含静定工夫①,犹如《大宗师》另一词语"撄宁"——在万物纷繁变化的烦扰中保持内心的安宁。

2."忘"境——安适足意的心境

"坐忘"说中,"忘"字5见,为庄学之特殊用语,主要出现在《大宗师》、《达生》及《外物》等篇。除"坐忘"外,各篇还出现诸多流传千古的成语,如"相忘于江湖"、"相忘以生"、"两忘而化其道"(《大宗师》)、"忘适之适"(《达生》)、"得鱼忘荃"、"得兔忘蹄"、"得意忘言"(《外物》)等等。李白诗中所描绘的"陶然共忘机",正是庄子笔下达于安适足意、自由无碍的心境。

作为庄子特殊用语的"忘",即是安适而不执滞的心境之写照,如《达生》所谓"心之适也"。由于"忘"在庄子心学中具有特殊意义,因而,我们除了从《庄子》书中有关议题作整体地把握它的用意,更要从《大宗师》等内篇的脉络意义来理解"坐忘"的意涵②。

"忘"的意境,在《庄子》首次出于《齐物论》:"忘年忘义,振

---

① 《庄子》内篇,"静"字未得一见,可见,主静观点出自《老子》。老子"主静"说对后代影响最为深远的不是庄子,而是周敦颐。周敦颐《太极图说》和《通书》中的主静说,其学脉关系源于老子。

② "忘"字在《庄子》全书出现84次,其中《大宗师》16次,但首章"其心忘"通行本误作"其心志"。

于无竟,故寓诸无竟。"我们首先要从这些话的语境意义来理解,
理解它的语境意义之后会发现,《齐物论》所说的"忘年忘义"而
"振于无竟",和《大宗师》坐忘中的"忘礼乐"、"忘仁义"而"同于
大通"是相通的。

《齐物论》"忘年忘义,振于无竟"的语境意义大致是这样的:
"成心"所导致的是非然否之辨,既然得不出定论,还不如顺任事
物的本然情状,遵循着事物的变化("和之以天倪,因之以曼
衍"),如此,精神不致于为劳神累心的争辩所困蔽。在这语义脉
络下,《齐物论》提到"忘年忘义,振于无竟",意思是说:心神若能
从主观争辩的观念囚笼中超拔出来,忘却是非对待,遨游于无穷
的境域,这样就能把自己寄寓在无穷无尽的境界中。此处所谓
"振于无竟"、"寓诸无竟",与《大宗师》坐忘所达到的"同于大
通"之境,正相对应。"大通"就是大道,道的境界也就是自由的
境界。

《庄子》论"忘"最多的一篇是《大宗师》,全篇共 16 见。《大
宗师》以"忘"来描绘人生达于安适自在的精神境界,开启了外杂
篇(如《达生》、《外物》)对"忘"的意境之阐扬。这里让我们举
《大宗师》最为人所道的一则论述,以使我们较全面地理解"坐
忘"说中的意境:

> 泉涸,鱼相与处于陆,相呴以湿,相濡以沫,不如相忘于
> 江湖。与其誉尧而非桀也,不如两忘而化其道。

"相濡以沫"、"相忘江湖"、"两忘而化其道"如今都已成为家喻户
晓的成语。在这段论说中,庄子起笔就呈现一个自然灾变的景

象:泉水干涸,池塘枯竭,鱼儿一起困处在陆地上,相互嘘吸湿气,相互吐出唾沫。庄子借鱼来描绘人间的处困以及困境中相互救助的情景。然而,"相濡以沫"之处困,毕竟还不如彼此"相忘于江湖",人间的道理和自然界的法则毕竟是相通的。所以说,与其是非相争,互不相让,倒不如用大道来化除彼此的争执对立——"与其誉尧而非桀也,不如两忘而化其道"。

于此,鱼在自然界的三种情境(即"相呴以湿"、"相濡以沫"、"相忘江湖")正反映着人间世上的几种现象和意境:一是所谓"誉尧而非桀",亦即《秋水》所说"自贵而相贱"、"自然而相非";二是在对立争执中,订定仁义礼法以相互规范(这一层次好比鱼"相处于陆"),如《大宗师》中所说"尧谓我:'汝必躬服仁义而明言是非'"(这一层次好比鱼"相濡以沫");三是"两忘而化其道",有如鱼儿"相忘于江湖"。

由是观之,"坐忘"中的颜回曰"忘礼乐"、"忘仁义",其所"忘"正如同《骈拇》所说"屈折礼乐,呴俞仁义……此失其常然"。所谓"失其常然",就像鱼失水养而处"相濡以沫"之境。

从《大宗师》乃至《庄子》书整体来看,作为庄子心学中的特殊语词,"忘"并不只是否定意义,它兼有正反两面的义涵:其逆向作用在于破除束缚,摆脱困境;其正向作用在于使精神超越和提升到更高的层次。

"两忘而化其道"——物我两忘而融合在道的境界中——也正是"坐忘"工夫而达于"同于大通"的最高境界。而"忘"与"化",也正是心灵活动达到"大通"之境的重要通道;"忘"为与外界适然融合而无心,"化"则参与大化流行而安于变化。"坐忘"

章最后说到:物我一体没有偏私,参与大化流行就不偏执,即"同则无好也,化则无常也",正是"大通"境界的写照。

要之,"心斋"着重写心境之"虚","坐忘"则要在写心境之"通"。"心斋"使耳目"内通",开阔人的内在精神,陶冶人的内在本质;"坐忘"则挥发着人的丰富想象力,游心于无穷之境。诚如前引刘勰《文心雕龙》所云:"寂然凝虑,思接千载;悄焉动容,视通万里。"

"心斋"之"寂然凝虑"与"坐忘"之"视通万里",使庄子心学开创出前所未有的心灵境界。

结 语

1.中国人性论可以儒道为代表,谈人性论通常总是围绕着心论而开展,即使以性善性恶为主题的儒家,也认为不宜"先心觅性",当以"即心见性"①。道家庄子更不用说,其心学是为其人性论之中心论题。

以儒道为主轴的古代心学,虽可溯源于孔、老,但从《论语》、《老子》典籍看,"心"的范畴并未形成独立的议题,更未建立任何体系之论述。

而儒道心学成为思想界主要议题,乃兴盛于战国中期,《孟子》、《庄子》两部典籍充分反映出两者各自建立起完整系统的心学,而《庄子》心学之丰富多彩,可谓超出于诸子之上。本文讨论主要以《庄子》内篇为范围,有关外杂篇之心、性、情等议题,将另

① 钱穆《心与性情与好恶》,1995年稿,载香港《民主评论》六卷十二期,收在《中国学术思想史论丛》卷二(安徽教育出版社,2004年版,第80页)。

文申论。

2.本文的"心"作为内七篇的一条主线,彰显出以生命为主题的思想在《庄子》中的重要性。古人以为思维能力和精神作用都发自于心。而"精神"一词为《庄子》之首创,庄子对心神作用之高扬亦史无前例。

"心"为《庄子》内篇之核心论题,这里依七篇排序简要说说。(1)《逍遥游》篇旨阐扬心神之广大自在,自由自适。(2)《齐物论》以"众窍为虚"比喻发诸心胸开阔、各抒所见人物之论各有所长;"以明"之心,则反映外在多彩的世界。(3)《养生主》以薪尽火传喻精神生命得以永续传承,并以"神遇"、"神行"比喻由技入道的过程中心神所发挥的作用。(4)《人间世》晓喻世人"处势不便"则宜由仕途转而入修身,由是提出"心斋"之说,篇中还出现"乘物以游心"的重要命题。(5)《德充符》篇旨阐述如何充实精神生命之内涵,提出"与物为春"的审美情趣以及"游心乎德之和"的审美意境。(6)《大宗师》主旨论大化流行及安化心态,提出"坐忘"说,"忘"境即"自适其适"、"心闲而无事"之心境。(7)末篇《应帝王》认为外王之道以治心为要,再度提出"游心"与"虚"心的理念——"游心于淡"、"虚而已,至人之用心若镜"。统观内七篇,虚、明、通、忘、游是其心学之基本范畴。"虚"、"明"是通过静定工夫所呈现的空明灵觉而能涵纳万象的心境。"通"则以虚明心境消除人我之隔阂而达于物我融合之境。"忘"是为主体处于安闲足意的心境,"游"则为自由适意之美感活动。而其中最富庄学特色的莫过于"游心"这一思想观念,它不仅是庄子心学中最有代表性的范畴,也是古典美学中最重要的一个范畴。

　　3.本文以"开放心灵与审美心境"为题,论述《庄子》内篇之心学。先说心学中的"开放的心灵"。"开放的心灵"是我在上世纪60年代初接触《庄子》之后就喜用的一个语词,这也许和我当时处于威权时代的文化环境有关,至今我依然习用之,有诸多原因,不过主要依据文献。每当我们进入庄子世界,最特殊的感觉就是他给我们开启了一个无限宽广的思想领域和精神空间。当我写内篇"开放的心灵"时,主要取材于《逍遥游》与《齐物论》篇,如《逍遥游》"以游无穷"及大鹏迎风腾飞拉开一个"其远而无所至极"的视野,如《齐物论》"十日并出,万物皆照"的开阔心胸以及"旁日月、挟宇宙"所表现的宏伟心态,凡此都是我着意之处。我们再看看其它篇章,如《大宗师》"坐忘"所呈现"同于大通"境界,《德充符》"自其同者视之,万物皆一也"的视角,也都是开放心灵的写照。不过,我们不能把庄子的思想观念朝单一化解释。例如,《齐物论》最重要的"以明"这一概念,虽意味着开放的心灵,但"以明"之心的客观认知作用,本文却未及申论。从文本理解,"以明"即为使心的思维功能空明灵觉如明镜一般地得以如实地呈现外物的实况。这种排除主观成见而客观反映事物本然情况的思想,却较少为庄学研究者关注。内七篇中多篇言及"虚",《齐物论》、《人间世》且不说,如《应帝王》亦一再提到"虚",并说"至人用心若镜",这著名的心镜说,也和"以明"一样,要能如实地反映万物的客观景象而无所隐蔽。这一客观反映论的"认知心",和"道德心"、"审美心"的倡导同时出现,经稷下道家的阐发,而荀子、韩非一系脉亦多所申论,可谓先秦心学之另一新章,本文限于篇幅以及主题论述集中的顾虑,故而从略①。

4.本文另一主题"审美心境",则以《养生主》、《德充符》篇章内容为依据而展开论述。庄子实则将现实人生点化为"艺术人生",故而以"心"为审美活动之方法②,这正是庄子思想的一大特点。而其审美意趣,亦散见于全书其他篇章。以内篇为例,如《齐物论》庄周梦蝶,形容"栩栩然胡蝶也。自喻适志与",正是写审美主体在人生活动中显现出无比适意的审美情趣。《逍遥游》篇末阐发无用之用意旨,正合于审美经验超功利的观点。以"游"为篇名,则不仅体现着一种精神自由的境界,同时也蕴涵着一种审美的境界。

先秦诸子绪业多方,风采各异。独树一帜的庄子,在思想格调上最能代表他那精神风貌的哲学观念,莫过于他频频使用"游"这一话语。庄书"游"字出现106次,犹如孔子倡"仁",《论语》中"仁"字高达109见。"游"之遍见《庄子》全书,浏览其间,使人直觉着字里行间散发出清新的艺术气氛。"游"之内涵,不仅反映着庄子的一种独特的生活方式,也呈现出一种独特的艺术情怀。而"游心"这一范畴以及它所组织的语句尤为切要(正如《老子》将"为学"与"为道"组成"为学日益"、"为道日损"的命

---

① "认知心"在《庄子》外杂篇亦多处论及,庄子这类认知取向的心论,在稷下道家的著作中尤为明显,如《心术上》阐述心的"虚""静"作用,倡言静观事物的运行法则(静"以观其则"),并强调去除主观私见而以客观为准则("舍己而以物为法")。稷下道家为摒除个人主观臆断,避免先人为主地预设立场,以此提出"静因之道"的主张。"静因之道"既是应物之原则,亦为黄老重要的认识方法。荀子"虚壹而静"的认识方法正是源于稷下道家。

② 徐复观先生在《中国艺术精神》认为以庄子思想所成就的人生,实际是艺术人生,而"中国的纯艺术精神,实际系此一思想系统所导出"(第47页)。

题）。例如，内篇中《人间世》出现"乘物以游心"的命题，实乃古典美学"神与物游"之先声；《应帝王》中的"游心于淡"，或为古典美学"澄怀味象"之余音；《德充符》中的"游心乎德之和"，是为道家所憧憬的天人和谐之精神境界。

在众多思想观念中，最能反映出庄子学说特点的，莫过于"游心"。"游心"不仅是精神自由的表现，更是艺术人格的流露。

庄子"游心"所表达的自由精神、所洋溢着的生命智慧、所蕴含着的审美意蕴，成为境界哲学的重要成分，亦长期沉浸在文学艺术的创作心灵中。

（本文先后刊发于《哲学研究》2009 年第 2、3 期，收入本书时，主副标题对换位置。）

心通道境：心灵的内修与审美空间的外移

——《庄子》外杂篇的心学

一、外杂篇与内篇人性论中有关心学的异同

在《开放的心灵与审美的心境——〈庄子〉内篇的心学》文中，我提到人性论中有关"心"的议题在春秋时期还未显题化，孔老谈论的"心"，属于一般性的语词，并未成为哲学上的范畴。战国时期，是告子率先将人性论的议题显题化，揭开了中国人性论史的序幕。与此同时，他的论题也引来孟子的辩驳，进而促成孟、庄在战国中期将此议题推向高峰——孟子的道德心指向一种道德人生，庄子的审美心趋近一种艺术人生。事实上，孟、庄之间这种"双峰并至，二水分流"的思想交锋，在相互辉映中又都传承着孔、老的人文内涵，他们同源而异流并不断拓展着人文传统的论域。与西方哲学笼罩于神本思想之下相比，中国古典哲学的特质在于其富于人文精神。可以说，在殷、周人文思潮的激荡下，审视

儒道人生观在分流中呈现的多重样态,是我探讨庄子人性论的一
条相当明确的思路。

一般而言,我们将《庄子》这部书视为庄子学派的著作,以内
篇为庄周本人的论著,外杂篇为众弟子及门人的作品汇编,其间
甚或保留有庄周的札记和弟子的记述。整体看来,各篇所论都有
内在的思想联系。就"心"的范畴而言,外杂篇与内篇在与主题
相关的思想观念上保持着一致性。承接内篇的思路,外杂篇的不
少论述在问题的探索、理论的阐释等方面不断地强化并扩充着内
篇的思维①。因此,我倾向于将《庄子》外杂篇的心学首先认作为
庄子学派内部对于当时人性议题的回应。在分享共性的同时,外
杂篇与内篇的差异也是非常明显的。经由庄子后学的铺陈,诸子
讨论的众多议题乃至诸子时代的众多问题都或隐或显地包含于
其中②。

二、"明乎礼义而陋于知人心"——儒道的对话与对立

我们说,相较于《庄子》内篇,外杂篇所论及的心性至少在以
下的两个议题上有着显著的特征:其一是现实感与时代性的凸
显,庄子后学核心关切在于礼义的规范是否合乎人心的问题,进
而,这种对于时代的敏锐也成为儒道对话的现实基础;其二是,他

---

① 刘荣贤《庄子外杂篇研究》(台北联经出版事业股份有限公司,2004年版)一书,
　对内篇和外杂篇的思想异同有其整体性的论述,可供参考。
② 整体而言,外杂篇尤其注重联系心与性、情、命等人性诸概念,完整地探讨人性的
　议题。作为庄子后学的论述焦点,人性的议题自《骈拇》一篇起便贯穿于《庄子》
　外杂篇的始末。曹础基注释《骈拇》一篇时也提示到,"这是一篇道家的人性论"
　(曹础基《庄子浅注》,中华书局,2000年版,第119页)。

们细腻地描绘了人心的复杂性、可塑性与多变性,并致力于从正、反两面观察人心的活动,其理论本身的多面性,又与儒学的单一化思考形成对照。鉴于此,下文拟分两节进行论述。

(一)"以仁义撄人之心"——人性的异化

如果说,人性的议题涉及心性论与情性论两个方面,那么,《庄子》外杂篇围绕这两方面的大部分讨论都显示出强烈的现实感和时代性,这是外杂篇心学的大部分议题比内篇更突显的第一点。

战国末期,如何安善人心("安臧人心")是时代的主要诉求。当是时,"天下瘁瘁焉人苦其性……匈匈焉终以赏罚为事"(《在宥》),诸侯国之间的兼并,往往借"治天下"之名,在厮杀与荼毒中"乱天下",正如《史记》所言"天下共苦,战斗不休"。这是自孟庄以来一直延续的时代背景,也是儒道两家迫切检讨的时代课题。对于庄子后学而言,这种乱局、苦境的最深刻流弊莫过于加剧人心的动荡不安、人性的搅扰不宁,即所谓"摇荡民心"(《天地》)、"天下脊脊大乱,罪在撄人心"、"天下将不安其性命之情"(《在宥》)。因而,外杂篇论及心性的一个显著特征就是现实感与时代性的凸显,甚至可以说,现实感与时代性就是灌注并浸润于《庄子》外杂篇中的底色。

事实上,这种对于时代的敏锐更成为儒道对话的现实基础。面对日趋沉沦的社会秩序,孔子期盼恢复西周时期的礼乐体系,他继承殷周以降的德治传统,提倡"仁者爱人"、"为仁由己"并强调其"忠"、"恕"的涵摄面。战国中期,孟子更进一步地为"仁"、"义"、"礼"等道德原则寻求心性的根据,将其诉诸人之本心的先验善性。作为儒家伦理的回应者,战国末期,庄子后学尖锐地提出"以仁义撄人之心"(《在宥》)与"明乎礼义而陋于知人心"(《田子方》)这两重命题。人心之所以不得安宁,人的性命之所以不得安顿,其根源即在于圣智礼法已沦为窃国诸侯的名器,《胠箧》篇已有着史无前例的揭示。《庚桑楚》和《徐无鬼》两篇也分别载有"不以人物利害相撄"、"不以物与之相撄"的说法,显然,战国末期的统治者竞相追逐于智巧和名利,周旋在物欲的漩涡之中,不免忘却了生命的本真,正所谓"功利、机巧,必忘夫人之心"(《天地》)。不仅如此,他们甚至假借"仁义"、"礼乐"毁伤人心、人性,这便直接地导致了人性的异化①。《骈拇》篇说:"屈折礼乐,呴俞仁义,以慰天下之心者,此失其常然也。"《马蹄》篇说:"屈折礼乐以匡天下之形,县跂仁义以慰天下之心,而民乃始踶跂好知,争归于利,不可止也。"这就是人为物役,这就是"倒置之民"(《缮性》)。可以说,人性的异化集中地反映了时代的异化,这无疑更具体地表露出庄子后学的现实感与时代性。

(二)"其居也渊而静,其动也悬而天"——人心的复杂性和多变性

如果说,显示出强烈的现实感和时代性是外杂篇的心学不同于内篇的第一点,那么,细腻地描绘人心的复杂性、可塑性与多变性则是外杂篇心学异于内篇的第二点。

首先,《在宥》一篇在一种差别性的情境中,刻画出人心近乎

---

① 李泽厚在《中国古代思想史论》中也谈到"异化"的观点,他说:"他(庄子)抗议'人为物役',他要求'不物于物',要求恢复和回到人的'本性'。这很可能是世界思想史上最早的反异化的呼声。"(人民出版社,1985年版,第179页)

两极化的诸多样态,它们共同指向了人心的多变性:人心,压抑它就消沉,推进它就高举,心志的消沉和高举之间,犹如被拘囚、伤杀,柔美的心志表现可以柔化刚强;有棱角的人必遭折磨,性情时而急躁如烈火,时而忧恐如寒冰;变化的迅速,顷刻之间像往来于四海之外;人心安稳时深沉而寂静,跃动时悬腾而高飞;强傲而不可羁制的,就是人心①。

其次,"人心"的复杂性见于《列御寇》篇,云:"凡人心险于山川,难于知天;天犹有春秋冬夏旦暮之期,人者厚貌深情。"它借自然地势的险峻、高远,表达人心的难以测度,难以把捉。

再次,《秋水》篇的"夔怜蚿,蚿怜蛇,蛇怜风,风怜目,目怜心"这则寓言向来令人费解:一足的夔羡慕多足的蚿,多足的蚿羡慕无足的蛇,无足的蛇羡慕不着行迹的风,不着行迹的风羡慕迅疾的眼目,而迅疾的眼目则羡慕更加瞬息万变、无拘无束的心。这里谈论的正是人心不囿于时空的变动不居。"目"的功用源自于"心"的神妙莫测。与夔、蚿、蛇用于"形",风用于"无形"不同,目、心都用于"神"。显然,围绕"心"的此番勾勒和描摹是《孟子》和《庄子》内篇所未及见的。

除此之外,庄子学派更囊括了心的正、反两个面向,关照了"心"的多面属性。其对"心"的正向表述为"常心"、"以明"、"灵府"、"灵台"、"天门"等,反向表述为"蓬心"、"成心"、"师心"、"机心"、"贼心"等。这是在儒家传统,特别是《孟子》的映衬下,

---

① 此段原文云:"人心排下而进上,上下囚杀,淖约柔乎刚强,廉刿雕琢,其热焦火,其寒凝冰。其疾俛仰之间而再抚四海之外,其居也渊而静,其动也悬而天。偾骄而不可系者,其唯人心乎!"

庄子学派的鲜明特质之所在。《孟子》所见 120 余次的"心",几乎都是正面的意涵。其中,最直接的当属《告子上》一篇以"仁"定义人心,即所谓"仁,人心也;义,人路也"。在此基础上,孟子更以恻隐、羞恶、辞让(恭敬)、是非这四端之心作为每个个体生而本有的善性,如《公孙丑上》章说"人之有是四端也,犹其有四体也"。我们说,孟子的先验善性论当然有其积极的意义,尤其是在鼓励人的向善之心这一点上,然而,他将人性同社会价值关联起来却成为历代争议的焦点①,一直延续到当代。西方学者弗洛姆在《人心》一书中也反思,人心究竟是羊,还是狼,抑或是披着羊皮的狼?

不同于儒学的单一化思考,对比之下,道家往往从正、反两个面向观察人心的活动。道家的逆向思维成为了中国哲学中一项特殊的思维方式。可以说,与儒家理论体系的平面化相比,道家的理论体系更具层次感。儒、道思考方式的根本不同在庄子后学这里提示得尤为明显。

三、"心养"与"守一"——心灵的内修

《庄子》外杂篇与内篇的思想衔接,是在继承基础上的强化与扩充,其主体论著代表了庄子后学作者群的思想观念。在"心"的主题上,他们(庄子弟子和门人)吸收并转化了早期道家(老学和黄老学)有关治身和治国的理论内涵。《老子》第十章讲述治身工夫时说:"载营魄抱一,能无离乎? 专气致柔,能如婴儿

---

① 参见陈鼓应《〈庄子〉抒情传统的后代回响》,《哲学研究》2016 年第 2 期,第 31—39 页;又收入本书。

乎? 涤除玄览,能无疵乎?"健全的生命乃是形体与精神合一而不偏的,这里的"抱一"即指魂和魄合而为一,也就是精神和形体合而为一。司马谈《论六家要旨》明言:"凡人所生者神也,所托者形也。神大用则竭,形大劳则敝,形神离则死。"可以说,形与神的并重是古代道家和先秦诸子一脉相承的观念。具体到《庄子》外杂篇,其也在一定的程度上承袭了这种观念。譬如,《达生》篇有"形全精复"的说法,意指形神兼备、形神兼修①,《在宥》篇黄帝和广成子的对话提及"抱神以静,形将自正",《庚桑楚》更有"卫生之经"一段与《老子》十章相呼应。但是,他们终究更侧重心神的一面,对应内篇论"心"的开放心灵向度,外杂篇论"心"反覆多次地与"虚"、"静"、"神"、"气"以及"一"、"道"等概念、范畴相关联,构成一个意义的连锁网络②,拓展并延伸着彼此的意涵,且共同指向心性论中由工夫到境界的心灵的内修问题③。

事实上,无论是内篇还是外杂篇,庄子学派关注"心"的实际意图无疑在于体道。正因如此,与心灵的内修相关的诸多概念,以及由此串联的工夫路径几乎都嵌套于体道的章节中。从《养生主》篇"庖丁解牛"的"以神遇而不以目视,官知止而神欲行",到《天道》篇"轮扁斫轮"的"得之于手而应于心,口不能言,有数

---

① "养生"的议题当然包括养形与养神这两部分。关于"养形",《外物》篇曾说:"静然可以补病,眦搣可以休老,宁可以止遽。"《刻意》篇也说:"吹呴呼吸,吐故纳新,熊经鸟申,为寿而已矣,此道引之士,养形之人,彭祖寿考者之所好也。"

② 艾兰在《水之道与德之端》一书中提到"概念彼此间结构上的关联"这一观念,也就是强调各种意义之间的相互连续性(参见[美]艾兰著,张海晏译《水之道与德之端:中国早期哲学思想的本喻》,上海人民出版社,2002年版)。

③ "内修"的概念出自《庄子·让王》篇的"行修于内者无位而不怍"一句。

存焉于其间"，再到《达生》篇"梓庆削镰"的"未尝敢以耗气也，必
斋以静心"，这些经由技艺的专精而通达道境的章节，无不关注
并凸显"心"的功用，点明"心"才是由技入道、形神转换的关键环
节。其中，形体与心神的对举是十分明确的。所谓的"工夫"必
须见诸心神，是在心神上用功，形体只具有辅助的效用。所以说，
《庄子》中形与心的并提实则意味着形与心的对举，其间暗含着
一种进阶的关系。不仅如此，《在宥》一篇更以"心养"这一专有
的概念，指代所谓的体道工夫，或者向内的心灵修养。那么，心的
功用如何彰显？心养又有无步骤可循呢？

　　这里，"梓庆削镰"一节提示了"气"的要素，指明体道之"心"
是通过凝聚精气，达至静定状态的心，心灵的内修首先与"气"相
关。此外，倘若我们不局限于技艺的章节，将视野投向《达生》篇
有关体道工夫的更广泛描述，"气"的保养将更为显著。具体而
言，就是"纯气之守"以及"壹其性，养其气，合其德"二者，它们共
同出现在关尹讲述至人何以"游乎万物之所终始"、"通乎物之所
造"，也就是如何体道的一段中，其重点仍然在于"气"的持守与
保养。由此，我们不禁联系到《人间世》篇所讲述的"心斋"，从以
耳听转向以心听，从以心听转向以气听。可以说，以心为枢纽，
《庄子》外杂篇仍然延续了内篇心与形、心与气的基本关系结构，
正如《庚桑楚》所言，"欲静则平气，欲神则顺心"。"心"的神妙功
用离不开"气"的平顺、静定，"气"无疑成为"心养"的重要一环。
究其原因，在《庄子》开创的道家心性学语境中，"气"是"道"的具
象化，不仅天地万物由"一气"（相当于"元气"）而相贯通，人之生
死也在于气的聚与散，甚至只有以"气"为媒介，个体生命（"心"）

才能够与宇宙生命("道")相贯通。

不止于此,"心斋"一节也同时涉及"心养"的另一关键,那就是"虚"的概念,所谓"气也者,虚而待物者也。唯道集虚。虚者,心斋也。……虚室生白,吉祥止止"。《天道》也称,"夫虚静恬淡,寂寞无为者,万物之本也"。归根结底,"气"所以重要,正是因为"气"与"道"、"气"与"心"三者共享"虚"的基本属性,保持"心"与物相交接时的"虚"的状态,是心神通达道境的必要环节。既然如此,心又如何保持其虚静呢?《知北游》说:"汝斋戒,疏瀹而心,澡雪而精神,掊击而知!"在此,庄子后学将问题引向了认知的领域,将工夫建基于对"知"的检讨和反省之上。这里的"掊击而知"指的是摒弃与心性本身的自然真实相违逆的思虑分辨、伎巧名利等一切人为的造作,也就是《达生》一篇与"纯气之守"相反的"知巧果敢之列",甚至,郭店本《老子》更有"绝知弃辩,民利百倍。绝巧弃利,盗贼亡有。绝伪弃诈,民复孝慈"的说法。战国中后期以降,"合纵"、"连横"等假借知识的名义,实则摆弄伎巧、谋取名利的策士之言,直接地煽动了诸侯国之间的兼并与扩张,直接地毁伤着人性,搅扰着人心。除了儒家后学的流弊之外,名辩学的滥觞也成为时代的症结之所在,这无疑促成了庄子后学对于"知"的检讨与反省。所以,《刻意》篇说"无所于忤,虚之至也",这里的"忤"正是针对"知"而言的,与前文的"去知与故"相照应。

我们说,《庄子》外杂篇围绕"心"的范畴编织了一条包含工夫与境界在内的内向修养的意义链条。然而,这毕竟只是一个笼统而泛化的印象,当我们抽丝剥茧地企图重现从工夫到境界的路径时，某些概念的语义叠置模糊了工夫和境界的边界，甚至，这种即工夫即境界的表述使得链条本身并无清晰、显见的步骤或次第可循。具体而言，如果说，前述"气"、"虚"、"静"、"神"都是工夫层面的范畴，那么，与之密切关联的"一"则既关乎工夫又涉及境界，这一点在《刻意》一篇中表现得尤其明显。《刻意》其篇，主旨在于"养神"，也就是心神的保养，既包含工夫层面的养神之道，也涵盖境界层面的圣人之德。就"一"的范畴而言，工夫层面的"一"有心志专一之意，是对"静"的具体阐释，譬如"一而不变，静之至也"、"纯粹而不杂，静一而不变，惔而无为，动而以天行，此养神之道也"；而境界层面的"一"则是指持守心神而不散失的状态，这正是体道的状态，所谓"纯素之道，惟神是守，守而勿失，与神为一，一之精通，合于天伦"。由此可见，"守一"从工夫与境界的交汇处串联了二者，既是心灵内修的起点，也是其终点。

此外，外杂篇语境中既关乎方法也关乎成效，工夫与境界相融合的"守一"，更鲜明地提示出由"心术"引论"主术"的稷下道家路径。"心术"一词首先出现在《庄子·天道》篇中，即所谓"须精神之运，心术之动，然后从之者也"。不少学者以为这一段落与庄周之学不类。然而，我们却不能排除庄子后学浸染黄老思想的可能性。只是，这里的"心术"还仅专注于心灵内修的层面，未如《管子·心术上》一般直接地以"主术"界定"心术"，所谓"心术者，无为而制窍者也"①。尽管如此，庄子外杂篇还是在心意的专一与天下秩序的安定有序之间构建了关联。《天道》篇说："故

---

① 所谓"主术"，正如《淮南子·主术训》所言，"人主之术，处无为之事，而行不言之教"。

曰:其动也天,其静也地,一心定而王天下;其鬼不祟,其魂不疲,一心定而万物服。""一心"的概念对应于《管子·心术下》的"专于意,一于心,耳目端,知远之近",即表示心意的专一。此时,"守一"的工夫进路已由个体生命如何与宇宙生命贯通的问题,也就是个人如何体道的问题,扩展至体道之君主如何治理天下、条理万物的问题。与此相应,《管子·内业》篇也说:"执一不失,能君万物。……一言得而天下服,一言定而天下听,公之谓也。"此外,《天运》篇在罗列三皇五帝的治理模式时,更以一种递减或者下降的排序方法,暗示了对于黄帝治理的认可与推崇,即所谓"黄帝之治天下,使民心一,民有其亲死不哭而民不非也。……禹之治天下,使民心变,人有心而兵有顺,杀盗非杀,人自为种而天下耳,是以天下大骇,儒、墨皆起"。我们说,"心一"意味着人性尚未疏离于其自然的、本来的真实,尚未遭受社会性价值的切割,或者说仍与道体相应的理想状态。这是庄子后学向内关注心神修养的归宿之所在。

四、"天地有大美而不言"——审美空间的外移

庄子后学除了向内关注心神的修养,也向外表露一种特殊的美意心境,如《知北游》篇说"天地有大美而不言,四时有明法而不议,万物有成理而不说"。这样的天地视野和宇宙意识出于一种审美心的观照,它不局限于主体自身,不局限于客观事物,而是上溯到本根、本源之道。"宇宙"一词在《庄子》中共出现4次,分别见于《齐物论》、《知北游》、《让王》和《列御寇》。《庚桑楚》篇"有实而无乎处者,宇也;有长而无本剽者,宙也"更成为思想史

上对于"宇"、"宙"两概念的首次界定——即空间上没有止境的上下四方就是"宇",时间上没有终始的古往今来就是"宙"。这背后传递出一种无限性的观念——时间无尽绵延着,空间无穷外拓着。可以说,中国哲学"究天人之际,通古今之变"的恢弘气象在《庄子》外杂篇中尤其凸显。《秋水》是外篇中最吸引读者的一篇,开篇河伯和北海若的对话将地理空间无限放大的同时,也将思想的视野层层地开拓出来,例如其中说"计四海之在天地之间也,不似礨空之在大泽乎?计中国之在海内,不似稊米之在大仓乎?"又如《徐无鬼》最后以"七大"讲述体道之无穷,其中,"大阴解之"强调心神的作用,"大目视之"倡导视角的多样性。它们共同说明,是思想本身的高远与宏阔使得审美空间不断地向外拓展与推移。具体而言,外杂篇中审美的空间经历了从自然景物到天地、宇宙的推移以及由个体生命向形上道体的拓展。

(一)"大林丘山之善于人也,亦神者不胜"——山水诗画之先声

刘勰在《文心雕龙·明诗》中说"庄老告退,而山水方滋"。恰好相反,中国文人传统中山水诗、山水画的创作源泉正在于《庄子》。《外物》篇中有一句引人瞩目的话,云"大林丘山之善于人也,亦神者不胜",山林卉木等自然景物触人心神、引人入胜,给予人一种美的感受和体验,与此同时,人对于山水之美也有一番欣赏和陶醉。置身于山水之中,幽林密树,草木芬芳,溪水潺潺,人们不由得心神畅怀,心灵深处荡漾起一股生命的活跃感。

由此,以审美之心体察人和自然景物,他们之间便不再是认知意义上的认识客体与认识主体的关系,而是进入一种消融主客

分别进而互为主体的状态。《秋水》篇"濠上观鱼"一节中,庄子游于濠梁之上,观察水中鯈鱼的即景生情与物我会通,绝非惠施的逻辑分辨所能领会。《知北游》篇也提到:"山林与!皋壤与!使我欣欣然而乐与!"乐于山水之间的前提在于与物无伤,也就是说,人与物之间保持一种一体共存的顺任与融通关系,而非对象化的相互疏离、彼此对待的关系①。事实上,"大林丘山之善于人也,亦神者不胜"一句前,庄子罗列了这样两种情形:一是人身之气拥塞不调,生存于天地间,与万物总是处于相互搅扰、相互妨碍的状态,即所谓"室无空虚,则妇姑勃溪;心无天游,则六凿相攘";另一是保持心的空廓和气的充盈,这时,人与外物便在"一气"的连接下相互交通、感染,即所谓"胞有重阆,心有天游"。后者心神之"游"的情状已不自觉地进入一种审美的领域,老庄道家也正是在这一侧面上影响了魏晋以降的文人传统,尤其是竹林七贤和兰亭集会。

我们说,晋宋文化钟情于山水,融神思情致于山水之中,文人雅士委心于山水,借山水诗画诉说心意。中国文人传统中,山水诗画的取材灵感正源自于老庄道家,其意境与空间感也深受道家的熏染,尤其是庄子后学在审美的视域下对于自然景物的观照。在庄学的影响下,东晋王羲之借《兰亭集序》诉说其"游心"于崇山峻岭、茂林修竹、清流激湍之间的"畅叙幽情","仰观宇宙之

---

① 美学领域所常言的"物感说"(钟嵘)和"畅神说"(宗炳)正是基于这种关系的表述,其形上的理论基础都在于老庄道家的气化宇宙论,即所谓"通天下一气耳"(《知北游》)、"游乎天地之一气"(《大宗师》)。宗炳在《画山水序》中说"山水以形媚道";他提出"畅神"说,将山水作为可以寄托人类思想情感的审美对象。

大,俯察品类之盛,所以游目骋怀,足以极视听之娱,信可乐也",表达了道家深邃的宇宙人生哲理;"信可乐也"无疑是继续"鱼之乐"的山水之乐,其充塞于宇宙之中,旨在传递一种美艺的意境。在老庄"道德自然"的宇宙观、人生观的熏陶下,竹林名士更孕育了魏晋"越名教而任自然"的新时代哲学,同时影响着士人群体的审美自觉,山水自此成为艺术创作领域不可遗忘的主题。甚至,道教典籍中也有意识地描绘"洞天福地"的景象,将诸多美盛的山水景致视为神仙的栖居之所和修道的向往之境,山水进而承载了更丰富的人文意涵。

(二)天籁之音到北门成论道乐

《齐物论》一篇,庄子借"三籁"描绘天地间自然而然的秩序性,仿佛整个宇宙正在演奏一场多声部的和谐乐章。其中,地籁的"众窍为虚"和天籁的"吹万不同"象征着一种人心虚灵明觉之音。从内篇过渡至外杂篇,乐的意象也同时见于〈天运〉篇的北门成问乐一章,黄帝所奏的《咸池》之乐以"奏之以人"、"奏之以阴阳之和"、"奏之以无怠之声"的三部曲形象地再现着内篇中天地人的交响曲。二者之间的关系在于,《齐物论》中庄子实写地籁而虚写人籁、天籁;《天运》中庄子后学明写乐而暗指心与道。更准确地说,这里的"乐"是心灵齐奏天人之道乐。

表面上看,黄帝所言,其宗旨在于阐发时行、顺应的奏乐原则。它表现在天的层面就是自然万物的生成节律,表现在人的层面就是人世间的伦常秩序。因为它"所常无穷,而一不可待"、"止之于有穷,流之于无止"、"傥然立于四虚之道",所以似可以"无"统称之。而实际上,这一章的问答最终归结于"乐也者,始于惧,惧故祟;吾又次之以怠,怠故遁;卒之以惑,惑故愚;愚故道,道可载而与之具也"。闻乐之时所经历的"惧"、"怠"、"惑"等内心状态,其实正是主体心灵在修道过程中的三种情境。《咸池》之乐的演奏遵循着自然的法式,体现着道体的混沌,正如"征之以天"、"建之以太清"、"烛之以日月之明"、"调之以自然之命",所以能够用以描摹道体,并且作为沟通心与道的媒介。

与此同时,在如此这般的描摹中,庄子后学也更将审美的意境灌注于其中,这就是"天乐"的概念,所谓"天机不张而五官皆备,无言而心悦,此之谓天乐"。总体而言,乐音依循自然、承载道体的另外一重意涵在于赋予宇宙的变化流布以艺术的形式,透过乐音的回环交错描绘宇宙的律动与美感,将整个宇宙视作审美的对象。进而,"无言而心说"的"无言"义同于"天地有大美而不言"的"不言",心之所悦的对象即是天地之大美,因为它"动而无方"、"欲听之而无接",所以,心悦的前提又在于"天机不张而五官皆备",也就是"形充空虚"。由此可见,在形体的充盈与心灵的虚明的对照之下,庄子后学敞开的审美场域首先是以心灵的内修作为前提的。

可以说,《庄子》以降,这种音乐性宇宙①或者美感宇宙的观念在《礼记·乐记》和《声无哀乐论》中也有不同程度的体现。相较而言,在共同传承西周礼乐文明的基础上,孔孟似乎更侧重于礼,并在一种差序伦理中申说"礼别异"之旨,而庄子则更侧重于乐,并在没有人我之分、没有物我之分的意义上理解礼义的功用,

---

① 参见张法《中国美学史》,四川出版集团、四川人民出版社,2008年版,第66—70页。

正如《庚桑楚》篇所说，"至礼有不人，至义不物"，这无疑是"乐统同"的一面。我们说，在道论的统摄下，庄子视域广大地从天和、人和、心和上溯至天乐、人乐、心乐。而这种天人之际的共通性，又成为《乐记》一篇的立论依据之所在，乐的创制与施化进而从庙堂之上外移至天地之间，不断地趋向并回归于它最初的源头——"道"。

（三）"游心于物之初"——导引出美乐的人生意境

"游心"是庄子心学中一个十分独特的概念。所谓"游心"，不仅是说心灵的自由活动，也蕴含着审美情怀的关照。《庄子》中"游心"的概念共出现 6 次，它们所组成的命题分别是《人间世》的"乘物以游心"、《德充符》的"游心乎德之和"、《应帝王》的"游心于淡"、《田子方》的"游心于物之初"以及《则阳》的"游心于无穷"①。

在内篇中，"游心"的命题包含如下的语境意义：（1）《人间世》中"乘物以游心"与其后的"托不得已以养中"对偶成文。"养中"即保养心性，"乘物"有与物偕行之意，而"托不得已"则代指我们置身于其中的人间世，也就是"天下有大戒二：其一，命也；其二，义也"。由此可见，"乘物以游心"指的是随顺情势的变化，以保养心性为原则而悠游自适于人世间。这无疑是对生命本身的内涵与价值的肯定。（2）《德充符》中"游心于德之和"关联着"万物皆一"、"视其所一"的认知视角。事实上，在事事物物的差别中体认到它们根源性的一体与同通，这本身已经从认知的领域

———————————
① 《骈拇》的"游心于坚白同异之间"在否定的意义上使用"游心"，我们暂且不予讨论。

跨越到审美的范畴,所谓"天地与我并生,而万物与我为一"(《齐物论》)。因此,这里的"游心",其处所或境况即是审美主体的和谐心境,是内德充实的自然涌现。(3)《应帝王》的"游心于淡"与"合气于漠"相呼应,在治理天下的语境中,指的是以开阔、宽容的心境施行顺应民情的原则。显然,内篇所见的三处"游心"之命题,其共同的趋向,一是致力于营造一种审美的观感,二是揭示美之发端在于主体的内在心境,特别是心神安然自适的情态。进而,心神的自适、和谐与虚静能够点化困顿的现实与妄为的施政。

在外篇中,"游心"的命题由个体生命的情状,渐渐地扩展到跨越时空的道境。这一点在《田子方》"游心于物之初"的主题中表现得尤其明显,"物之初"即指"道",审美心的发显便由内在的生命拓展到了无穷的天地和宇宙,这就是"心通道境"。在寓言中,老聃从如下的几个方面描绘了"游心"之所:其一,道不在思虑分辨和名言概念中("心困焉而不能知,口辟焉而不能言");其二,道无形无为却赋予万物以秩序性("至阴肃肃,至阳赫赫;肃肃出乎天,赫赫发乎地;两者交通成和而物生焉,或为之纪而莫见其形。消息满虚,一晦一明,日改月化,日有所为,而莫见其功");其三,道是超绝于时空的无限性存在("生有所乎萌,死有所乎归,始终相反乎无端而莫知乎其所穷")。

同样地,《则阳》篇的"游心于无穷"也正是在这一层含义上表述游心于道的情境,也就是"至美至乐"之境。它诉说着一种美乐的人生境界,一种艺术的美感情怀,即所谓"夫得是,至美至乐也。得至美而游乎至乐,谓之至人"。由此可见,庄子后学不仅强化了审美对象与认知对象的差别,甚至也强化了体道过程与审美过程之间的关联。换言之,审美的活动直接地指向了道的秩序性(美)与节奏感(乐)。

《庄子》审美空间的外移,如外杂篇一再所说的"天地有大美而不言……万物有成理而不说"(《知北游》)、"原天地之美而达万物之理"(《天下》)、"淡然无极而众美从之"(《刻意》),是一个从道之美、天地之美到人性之美的升华过程,我们可以从中深深地体味庄子达观的艺术人生。可以说,庄子的美意情怀深刻地影响了后世士人阶层的审美偏好,其品类之盛不止于山水,也扩展至园林,并以书画、诗词、歌赋等雅致的形式表现之;不止于哲理之思,庄子的美感体验更贯穿于文学、艺术等多个领域,最终汇合成为中国文人群体的庄子式的生活方式。

(本文原为 2016 年 3 月 24 日北京大学宗教文化研究院举办的"虚云讲座"第 33 讲的演讲稿,后刊于李四龙主编《人文宗教研究》总第八辑,宗教文化出版社,2016 年版。)

庄子论人性的真与美

前　言

先秦人性论史上，众所周知，孟子倡性善、荀子言性恶，本文则以性真为主题①，论述庄子学派的人性之真与美。

孟、庄同时代，身处战国中期，是为儒、道思想发展的高峰期。徐复观先生《中国人性论史》这部专著，便以孔孟老庄并重而进行论述。徐先生大作中曾说到："古代整个文化的开创、人性论的开创，以孔孟老庄为中心；似乎到了孟庄的时代，达到了顶点。"②此言甚是。然而，通览当代学者有关先秦人性论课题的讨论，几乎多集中在孟子的观点上，连在当时以及汉代影响较大的

---

① 孟、庄同时代，在人性论的议题上，前者扬性善，后者言性真，成有趣而鲜明的对比。顾炎武说："五经无'真'字，始见于老庄之书。"(《日知录》卷十八《破题用庄子》)查《论》、《孟》未见"真"字，故而申论道家彰显人性之真，在古代哲学史上别具意趣。

② 徐复观《中国人性论史·先秦篇》，台湾东海大学，1963 年版，第 46 页。

荀子都被边缘化,至于庄子有关人性论的观点则更罕见学者论及①。这是促使我撰写庄子人性论的主要动机。

人性论在内容上,有心、性、情、欲等主要议题。有关"心"的议题,我已发表专文《〈庄子〉内篇的心学——开放的心灵与审美的心境》②,接着拟分篇论述庄子有关"性"、"情"议题的文章。

长期以来,我十分关注庄子"性情不离"的重要命题,这一观点与宋儒程朱学派之扬性抑情而导致情性割裂的偏颇学说形成鲜明的对比。程朱理学在理气二元的理论架构下,还提出"存天理,灭人欲"③的主张,遂产生"尊性黜情"的严重后果④。反观王安石的"性情一体"说,与庄子主张"情性不离"(《马蹄》)正是遥相呼应,这引起我对王安石人性论的极大关注。

王安石批评孟、荀性善、性恶之说而提出性情一体说,他说:

---

① 有关庄子人性论的著述,为数不多。本人所见期刊论文有:金春峰《庄子对人类自由本性的探索及其贡献》(载于《国故新知——中国传统文化的再诠释》,北京大学出版社,1993 年版);陈静《"真"与道家的人性论》、〔韩〕李康洙《庄子的心性观》(两文刊于陈鼓应主编《道家文化研究》第 14 辑,生活·读书·新知三联书店,1998 年版)。学位论文如:林明照《庄子"真"的思想析探》(台北台湾大学哲学研究所硕士论文,2000 年 6 月);蔡妙坤《〈庄子〉论"情"》(台北台湾大学哲学研究所硕士论文,2007 年 6 月)。

② 拙著《〈庄子〉内篇的心学——开放的心灵与审美的心境》,分为上、下两篇,分别发表于《哲学研究》2009 年第 2 期、第 3 期。

③ 朱熹继承二程的主张说:"圣贤千言万语,只是教人明天理、灭人欲。"(《语类》卷十三)

④ "尊性黜情"一词见于张丽珠著作,其书中说到:"朱熹等理学家所建构的以周敦颐、二程……'道统'说下,长时期偏落在儒学主流的思孟、理学一系上,更因程朱主流理学采'心、性、情三分'立场,儒者亦多'尊性黜情'地主张'性其情'、以性约情,未能正视情欲。这不但影响学界长期以来对于情欲采取蔑视态度,也更助长儒学'讳言利'的非功利倾向。"参见《中国哲学史三十讲》,台北里仁书局,2007年版,第 48 页。

"性、情一也。世有论者:'性善、情恶。'是徒识性情之名,是不知性情之实也。喜怒哀乐好恶欲,未发于外而存于心,性也。喜怒哀乐好恶欲,发于外而见于行,情也。""性者情之本,情者性之用。故吾曰:性情一也。"(《性情》)王安石从自然人性论的角度指出,人的自然本性无所谓善恶。他说:"性生情,有情然后善恶形焉,而性不可以善恶言也。"(《原性》)苏东坡也说:"情者,性之动也。……性之与情,非有善恶之别也。"(《东坡易传》卷一)

有关中国心性论的讨论,在哲学史家与正统学者的影响下,习以为常地将程朱独断论的道德形上学高拔,并将孟子泛价值主义的思维扩大化,形成单一化的人性论史观①,以至于《庄子》"性情不离"与王安石"性情一体"的学说,长期被掩没。学界中这类习见盲点,不由得使我想起庄子《逍遥游》的一句话:"岂唯形骸有聋盲哉? 夫知亦有之!"这是我撰写庄子人性论的另一个主要动机。

宏观地审视中国人性论史,有几个重要的论题值得我们重新思考,此处仅举两例为说。

其一,哲学史上自告子、庄子至北宋王安石、苏轼,以至明末清初王夫之、戴震,皆属广义自然人性论者。

---

① 当代学者在讨论古代人性论时,还习于将事实陈述与价值判断相混淆,如心理学学者江光荣指出:"在谈论人性的长远传统中,经常会发现学者们犯一个错误,那就是把事实判断与价值判断相混淆。在讲人性是什么,是怎么样的,有哪样一些特点,这样一些属于事实判断的范畴的时候,不自觉地滑到去谈人性是善还是恶,某些行为倾向是反社会还是亲社会,是好还是坏等等。例如中国哲学从孟子、荀子以来绵延不绝的性善性恶的争论,往往就陷入这个误区。"参见江光荣《人性的迷失与复归——罗杰斯的人本心理学》,台北猫头鹰出版社,2001 年版,第 71 页。

在人性论的课题上,北宋时代是继先秦开创期之后的另一个高峰,而北宋诸子中,王安石与苏轼对孟子人性说都有精辟的评论①,他们的自然人性观和二程"存天理,灭人欲"以及情性割裂的论点迥然不同②。程朱学派"理""欲"二元割裂的弊害,到明末清初时引发诸多论者的批评与反省。如王船山提出"理欲合性"说,强调"理欲皆自然"(《张子正蒙注》卷三);戴震在喊出"以理杀人"③呼声的同时,并提出"理者存乎欲"(《孟子字义疏证》卷上),以纠正程朱理欲观的缺失④。

综览宋明诸哲,自王安石、苏东坡至王船山、戴震,有关心性议题的论述都属于广义自然人性论,在学谱上可谓接续先秦自然人性论的思想脉络而发展。

其二,自然人性论为先秦心性论与情性论之主轴。

---

① 王安石《原性》篇批评孟子人性观点时说:"孟子言人之性善……夫太极生五行,然后利害生焉,而太极不可以利害言也。""孟子以恻隐之心为性者,以其在内也。夫恻隐之心与怨毒忿戾之心,其有感于外而后出乎中者,有不同乎?"苏轼也指出孟子性善论的缺失说:"昔者孟子以善为性,以为至矣,读《易》而后知其非也。孟子之性,盖见其继者而已。夫善,性之效也。孟子不及见性,而见夫性之效,因以所见为性。"(《东坡易传》卷七)

② 如苏东坡说:"人生而莫不有饥寒之患,牝牡之欲。……男女之欲,不出于人之性,可乎?"(《经进东坡文集事略》卷八)余敦康曾指出:"苏东坡在《扬雄论》一文中明确指出,这种自然本性就是人的饮食男女的生理本能,无论是圣人还是小人,都以这种生理本能作为自己的人性的本质。"相关论述请参阅余敦康所著《内圣外王的贯通——北宋易学的现代阐释》第四章《苏轼的〈东坡易传〉》,学林出版社,1997年版,第91—92页。

③ 戴震说到:"人死于法,犹有怜之者;死于理,其谁怜之!"(《孟子字义疏证》卷上)"此理欲之辨适成忍而残杀之具。"(《孟子字义疏证》卷下)

④ 戴震对于程朱理学关于"性"的质疑与批评,可参看蔡家和《戴震对于程朱论性的质疑与批评》,收录于《华梵人文学报》第13期(台北华梵大学文学院,2010年),第187—207页。

现存文献明确地显示出,先秦自然人性论的一条主线是,自孔子"性相近也,习相远也"(《论语·阳货》),经告子"生之谓性也"(《孟子·告子上》),再到庄子"性者,生之质"(《庄子·庚桑楚》)及荀子"不事而自然谓之性"(《荀子·正名》)。这一系列自然人性论的主张,成为先秦人性论的主轴。而新近公布的郭店楚简《性自命出》突出人性论中"情"的主题,上博《恒先》则论及人性论中"欲"的议题,更加强了自然人性论在先秦人性论中的主体地位①。

在周代人文思潮的激荡下,到了孟、庄时代,人性论已成为哲学思考的中心问题。透过孟、庄的对比,《庄子》人性论有着两大特色:其一,由人性的本原特质来说,孟子的性善与庄子的性真形成两种不同的论述方向;其二,由人性背后的形上学根据而言,庄子的人性论系统地由形上道德论引申出来,而孟子的学说则尚未建立明确的形上理据。

一、以道德论为根基的性命说

人性起源及其本性为何的论题,在春秋末的老、孔时代并未被显题化,仅呈现出隐含性的思想观念;心性问题被显题化而成为显明性的概念,要到战国中期的告子及孟、庄诸子。

告子可以说是中国人性论的开创者,他对人的本性以及人性

---

① 《性自命出》全篇的论点都持着自然人性论的观点,开篇便说:"凡人虽有性,心亡定志,待物而后作,待悦而后行,待习而后定。喜怒哀悲之气,性也。及其见于外,则物取之也。"《恒先》篇说"生其所欲"、"复其所欲"。详参拙文《楚简〈恒先〉之宇宙演化论及异性复欲说》,收入拙著《老庄新论》(商务印书馆,2008 年修订版)。

起源提出了系统性的论述,而且在心性修养功夫上也有特出成就,连孟子都承认"告子,先我不动心"(《孟子·公孙丑上》)。在思想史上,告子最早为人性下界说,他说,"生之谓性","食色,性也"(《孟子·告子上》)。告子不同意将社会伦理价值判断黏附在人的本性上,他说:"以人性为仁义,犹以杞柳为桮棬。"(同上)其后庄子学派承继告子"生之谓性"而提出"性者,生之质"(《庄子·庚桑楚》)。告子和庄子对人性本质的看法,都属于自然人性论的主张。以下专就《庄子》两处对人性的界说进行解析:

(一)"性者,生之质"——人性中之共性界说

战国中期以后,儒家以社会积习的善、恶价值判断附着在人性论上的观点,引起所谓性善与性恶的争论。道家庄子和儒家孟、荀相比,在人性上的最大不同有两个方面:一是以人类受命成性之初的真朴状态为人的本性实情;二是以人性论为人生论的基础,而人性论的建立有待于哲学形而上学作为其根据。

庄子学派人性论中的性命说,乃由其道德论引申出来[1]。孟子有关人性的议论,尚未明确地建立起哲学形上学为其理论根据,这是孟学和庄学在人性论上最大的不同处;而儒家的心性论,要到一千多年后的宋代儒学,才从先秦道家移植本体论为其理论之最后保证。

早于孟、庄的告子,肯定人有共性,并认为人性是生而具有的

---

[1] "庄子由道德论引申出性命说"的观点,请参看萧汉明《道家与长江文化》第二章《庄子的自然哲学与社会思想》第一节"庄子的性命说与观物论中的道性二重观"之一"庄子性命说的理论构架"(《道家与长江文化》,湖北教育出版社,2004年版,第87—91页)。

本能。庄子学派则于《庚桑楚》对人性作哲学性的解说,提出人性为生命本质的界说。《庄子》在为人的本性下界说时,都会在它的道德论的语境意义下提出。让我们先看《庚桑楚》的论述:

> 蹍市人之足,则辞以放骜,兄则以妪,大亲则已矣。故曰,至礼有不人,至义不物,至知不谋,至仁无亲,至信辟金。
>
> 彻志之勃,解心之谬,去德之累,达道之塞。贵、富、显、严、名、利六者,勃志也。容、动、色、理、气、意六者,谬心也。恶、欲、喜、怒、哀、乐六者,累德也。去、就、取、与、知、能六者,塞道也。此四六者不荡胸中则正,正则静,静则明,明则虚,虚则无为而无不为也。
>
> 道者,德之钦也; 生者,德之光也;性者,生之质也。

上文所引第一段,列举人类最高的道德行为——"至礼"、"至义"、"至知"、"至仁"、"至信",都是人的真性之流露,乃是道在人性上的自然体现①。第二大段引文,指出人群之过度物化,导致心性搅扰不安,若要消解意志的悖乱,打开心灵的束缚,去除德性的牵累,打通与大道之间的阻塞,则必须从心性修养上下工夫,因而提出"静"、"正"、"虚"、"明"等修养工夫。

最后一节,提出有关人性界说的语境意义,值得注意的有两点:其一,由道德观引申出人性说;其二,"性者,生之质也"的哲学命题与告子"生之谓性"说,为同一思想脉络的发展,两者都主张善恶的道德观念并非人性自然之质,乃是在后天社会生活中形成的。而庄子学派更在告子以人的生理与心理本能言"性"的基

---

① 参看姚汉荣、孙小力、林建福《庄子直解》,复旦大学出版社,2000版,第629页。

础上,将人性议题提升到生命本质的哲学层次,并将人性论放置在形上学的根基上进行讨论。这在《天地》"泰初有无"一段讨论性命之根源于道德论的论述中,尤为显明。

（二）"形体保神,各有仪则,谓之性"——人性中之殊性界说

《天地》篇"泰初有无"一段,表面上看似在诠释《老子》第四十章、四十二章的"道生万物"说,但主旨则是由道德论引申出性命观,从而为人性的本源、本体寻找到形上学存在的根据。原文征引如下：

> 泰初有无,无有无名。一之所起,有一而未形。物得以生,谓之德;未形者有分,且然无间,谓之命;留动而生物,物成生理,谓之形;形体保神,各有仪则,谓之性。……性修反德……通乎大顺。

此章认为万物演化的过程是由无到有,而且是一个循环往复的运转过程,这过程经历着德、命、形、性几个阶段。兹依文序将道的创生历程中的几个重要概念解说如下：(1)宇宙始源"无"只是浑然一体,无形无状("有一而未形")。"泰初有无"的"无",乃是喻指道之无意志性、无目的性、无规定性;所谓"一"则意指道的整全性以及万物的一体性。(2)万物得道而产生,称为"德"("物得以生,谓之德")。稷下黄老道家进一步阐释"德"乃道的体现,万物藉它得以生生不息地运行着(《管子·心术上》云："德者,道之舍,物得以生生。"),庄子在《大宗师》就直接称道为"生生者"。(3)在道的创生历程中,由浑一状态开始分化,"德"虽然和"道"一样的未成形体,但已开始有着阴阳的区分("未形者有分"),保持着流行无间的状态,而且有机地连系着,这叫作"命"。(4)道是不断地变动、分化而生物的,物形成了各自的生理结构("物成生理"),这叫作"形"①。(5)形体中寄寓着精神,各物具有自身的存在样态,这叫作"性"("形体保神,各有仪则,谓之性")。

以上《庄子》有关道德与性命等诸多概念的论述,乃是在《老子》道德论的基础上,进一步探寻万物生存的内在根据和万物千差万别的成因。这一思维方式,是哲学史上跨时代的里程碑,也是哲学史上的一大跃进,为日后宋明儒学寻找形上道德根源时所吸纳。

二、由"道之真"及"法天贵真"论人性之真

《庄子》的性真说与《老子》一脉相承,在文献上可得到充分的印证。《老子》言"真"仅有三处,从道体之真(见二十一章)、本性之真(见四十一章)到行为修养之真(见五十四章)。《庄子》言"真"多达45见,与人的本性有关者,可分为这样几个不同的层次,即从道体之真("道之真")到本性之真,再从德行修养之真(如"缘而葆真")到审美心境之真("采真之游")。下面让我们从"道之真"及"法天贵真"以论人性之真为说,依次阐述如下。

(一)"道之真"——作为人的本性之真的存在根据

1."道之真以治身"——道的精华用以修心养性

如前所论,庄子人性论乃放置在形上道论的根基上进行论

---

① 萧汉明在《庄子的自然哲学与社会思想》中说:"物成则各自具备了一定的长短、高下、精粗、坚脆、纹理等特征,这就是人们通常所说的'形'。"参见《道家与长江文化》,第90页。

述,如人性尚真说正是如此。庄子学派将人性之真和"道之真"作了紧密的联系。

《让王》篇中庄子学派提出一句醒目又发人深省的话:"道之真以治身,其绪余以为国家。"①作者目睹上流社会群起"危身弃生以殉物"有感而发,因而使用"隋珠弹雀"②的典故,譬喻生命比外物更为重要,强调生命重于一切。

从道的立场强调生命重于一切,是先秦道家各派的基本观点。从《老子》开始,就强调道德的创生和畜养功能(五十一章"道生之,德畜之"),《列子》论及道的作用时说"不生者,能生生;不化者,能化化"(《天瑞》),因而《庄子》称道为"生生者"(《大宗师》),稷下道家也说"德者道之舍,物得以生生"(《管子·心术上》)。"道"生生不息之意涵,是南北道家的共同主张。

"道之真以治身",庄子学派以提升个人的生命境界为首要,这一思想观念遍见于《庄子》全书。司马谈《论六家要指》说:"夫阴阳、儒、墨、名、法、道德,此务为治者也。"百家学说虽异,但都在于治理天下。这个见解可用在孔、墨、孟、荀诸子,也可用在老聃思想上,但却不合庄子的基本主张。庄子学说以内圣为首要,外王次之,思路十分明确。《让王》即辞让王位,篇中多藉辞让名位、利禄表达生命的可贵。该篇虽然是庄周后学之作,但也合乎内圣重于外王的思路。庄周的内圣之学,要在开拓生命的内涵,

---

① 《让王》:"道之真以治身,其绪余以为国家,其土苴以治天下。由此观之,帝王之功,圣人之余事也,非所以完身养生也。今世俗之君子,多危身弃生以殉物,岂不悲哉!"见拙著《庄子今注今译》,台北台湾商务印书馆,1999 年版,第 769 页。

② 《让王》:"以隋侯之珠弹千仞之雀,世必笑之。是何也? 则其所用者重而所要者轻也。夫生者,岂特隋侯珠之重哉!"

提升精神的境界,并在天人关系中保持本真的生活型态。

2."无以人灭天,是为反其真"——在天人关系中持守本真的生命

《秋水》和《大宗师》篇中,一再提出"反其真"的呼声,如《大宗师》在讨论死生关系时,提出"反其真"的观点,意指个体生命回归到宇宙生命;《秋水》在论及天人关系时,再度提出"反其真"的主张,强调人们要持守天真的本性。

《秋水》篇海神与河神对话的寓言,共七问七答,七次对话叠进式地打开人们的思想视野。第七次的对话推进到天人关系,其文曰:

> 牛马四足,是谓天;落马首,穿牛鼻,是谓人。故曰,无以人灭天,无以故灭命,无以得殉名。谨守而勿失,是谓反其真。

在此处的语境意义中,"天"指的是生命自然的样态,如"牛马四足",而所谓"人"则有其特殊的意涵,乃在指陈人类自我中心主义,造成了对其他生命的毁伤("落马首,穿牛鼻")。此段在天人关系中提出"无以人灭天"的原意,就是不要以人类自我中心的想法,去框架万物或天地,这样只会破坏天地万物自然本真的天性[①]。

―――――――――――

① 荀子和郭象曾就《秋水》第七次对话中的天人关系发表了重要的解读。然庄子所谓"无以人灭天",并非如荀子所言的"蔽于天而不知人"(《荀子·解蔽》),而在破除人类自我中心主义。诚如杨国荣所言:"从实质的层面看,庄子并没有简单地漠视人及其存在价值……荀子批评庄子'不知人',似乎并不全面。"(参见《庄子的思想世界》,北京大学出版社,2006年版,第2页)郭象《庄子注》在注解此段时说:"人之生也,可不服牛乘马乎? 服牛乘马,可不穿落之乎? 牛马不辞穿落者,天命之固当也。苟当乎天命,则虽寄之人事,而本在乎天也。"郭象将人类的需求,强加于万物的自然本性之上,实际上是误读了庄子的原意。详参拙著《从"得意忘言"的诠释方法到谱系学方法的应用》,刊于刘笑敢主编《中国哲学与文化》第4辑(广西师范大学出版社,2009年版)。

《天道》篇所说体道至人"极物之真,能守其本"①,论及道德与仁义、礼乐关系,为体用本末的关系;以道、德的自然真朴为本,以仁义、礼乐的人为造设为末,而持守道物之本真为最后关键。《达生》篇中,庄子再度呼吁人们持守本真的生活:"不厌其天,不忽于人,民几乎以其真!"这里庄子要人们尊重天的本然性,同时要大家不忽视人为的重要。天人之间,应寻求一个可以和谐共生的方法,这个方法的答案就是"民以其真"——人们依其自然真性去生活。

(二)"真性"、"法天贵真"——性真论的重要观点

1."真性"——至德之世的"天放生活"

道家人性论议题始于《庄子》外篇。《骈拇》列外篇之首,有学者指出这是一篇道家的人性论②。从《骈拇》、《马蹄》到《在宥》,常被学界视为内容相连的一组文章,其主题在于阐扬任情率性与安情适性③,本文此处以《骈拇》、《马蹄》两者合而观之,论述其"真性"、"任情"的主旨,进而倡导本真自我以及个体生命殊异性的特点。

《骈拇》、《马蹄》在论述时,正反两面交互并行,一般读者都只注意他们对现实批判性的一面④,经常忽略其正面的意涵。故此处侧重从正面角度阐述其要点如下:

(1)《骈拇》首章便提出"道德之正"而"仁义之用"的观点,

---

① 《庄子·天道》:"夫道⋯⋯极物之真,能守其本。⋯⋯通乎道,合乎德,退仁义,宾礼乐,至人之心有所定矣。"
② 曹础基《庄子浅注》,中华书局,2002年版,第119页。
③ 参考陈鼓应《老庄新论》,第269页。
④ 外、杂篇中诸多批评儒家仁义礼乐之教对人性的禁锢,反映了它那时代的特殊现象。

这里蕴含着以老庄的"道德"为体、儒家的"仁义"为用之体用关系，同时也隐含着"道德"为"仁义"之存在根据的观点。

(2)《马蹄》明确提出"性情不离"的重要命题。如前文所述，《庄子》"性情不离"说和王安石"性情一体"说，在思想发展上具有一脉相承的关系，而与汉儒董仲舒、宋儒程朱之"尊性黜情"学说形成鲜明的对比。

(3)《骈拇》在关注人类共通天性的同时，也突显万物各具独特属性的观点，以"凫短鹤长"①的著名比喻，阐述物性各殊的主张；并强调率性任情，而提出"任其性命之情"这一放意肆志的主张。

(4)《骈拇》发出"仁义其非人情"这一呼声，强调人伦关系需建立在真情至性的基础上，认为仁义道德的实践，必须合于人性和人情的内在需求。

(5)《马蹄》深感人间权力的滥用、规范主义的强人就范，已经严重地戕害生灵、扭曲人性，因而以"真性"、"常性"的天放生活为主题，憧憬着人性最纯真时代的生活情境。《马蹄》篇对理想国"至德之世"的描绘有两个重点：其一，人民行为质重、朴拙无心（"其行填填，其视颠颠"）。在那个时代，人们过着自然适意的生活（"禽兽可系羁而游，鸟鹊之巢可攀援而窥"），所谓"同与禽兽居，族与万物并，恶乎知君子小人哉！同乎无知，其德不离；同乎无欲，是谓素朴；素朴而民性得矣"。庄子学派提倡不用智巧、不贪欲（"无知"、"无欲"），以解消现实社会中的矛盾对立，泯

---

① 《骈拇》："彼至正者，不失其性命之情。故合者不为骈，而枝者不为岐；长者不为有余，短者不为不足。是故凫胫虽短，续之则忧；鹤胫虽长，断之则悲。故性长非所断，性短非所续，无所去忧也。"

除阶级之别,进而以人与万物共生并存的大同世界来描绘理想国度,这可说是"齐物"精神的极致表现。其二,《胠箧》复以老子对"小国寡民"的描绘来寄望于"至德之世"的生活情景:"民结绳而用之,甘其食,美其服,乐其俗,安其居,邻国相望,鸡狗之音相闻,民至老死而不相往来。"这种桃花源式的理想情境①,在《列子·汤问》中也有相似的描述:在一个不知名的国度里,人民性情和婉不爱争斗,人们整日开心地歌唱,饿了就饮用泉水度日,人我之间没有上下贵贱的分别,一派宁静祥和②。《列子》和《庄子》通过对简单自足的物质生活的具体描绘,来表现理想国度的和乐景象,以人性的纯真质朴为基础,营造出理想的乐园。这种解消对立、返朴归真的生活形态,可说是陶渊明《桃花源记》的滥觞。

《马蹄》开篇就以马之真性喻人的性真,描绘人群过着自足的生活,人民的行为淳厚、朴拙自在③。老子崇尚"见素抱朴"(《十九章》),庄子学派继而主张"素朴而民性得"(《马蹄》),以朴质为真,以朴质为美④,这就是道家所倡导的真情至性的人生

---

① 陶渊明《桃花源记》对桃花源的景象有这样的描述:"有良田、美池、桑竹之属。阡陌交通,鸡犬相闻。其中往来种作,男女衣着,悉如外人;黄发垂髫,并怡然自乐。……自云:先世避秦时乱,率妻子邑人来此绝境,不复出焉,遂与外人间隔。问'今是何世?'乃不知有汉,无论魏晋。"

② 《列子·汤问》:"当国之中有山,山名壶领,状若甔甀,顶有口,状若员环,名曰滋穴。有水涌出,名曰神瀵,臭过兰椒,味过醪醴。一源分为四埒,注于山下,经营一国,亡不悉遍。土气和,亡札厉。人性婉而从物,不竞不争。柔心而弱骨,不骄不忌。长幼侪居,不君不臣。男女杂游,不媒不聘。缘水而居,不耕不稼。土气温适,不织不衣。百年而死,不夭不病。其民孳阜亡数,有喜乐,亡衰老哀苦。其俗好声,相携而迭谣,终日不辍音。饥倦则饮神瀵,力志和平。过则醉,经旬乃醒。沐浴神瀵,肤色脂泽,香气经旬乃歇。"

③ 《马蹄》:"彼民有常性,织而衣,耕而食……其行填填,其视颠颠。"

④ 《天道》:"朴素而天下莫能与之争美。"

写照。

2.“法天贵真”——真情源于天而内在于人之本性

庄子“性真”说由性情的真伪之分,进而倡言情性真切足以感人的道理,《渔父》篇中有一段精辟的论述:

> 真者,精诚之至也。不精不诚,不能动人。故强哭者虽悲不哀,强怒者虽严不威,强亲者虽笑不和。真悲无声而哀,真怒未发而威,真亲未笑而和。真在内者,神动于外,是所以贵真也。

> 礼者,世俗之所为也;真者,所以受于天也,自然不可易也。故圣人法天贵真,不拘于俗。

上引两段文字中的“贵真”思想为古代文献中首见。后人以未受礼俗习染的本性为“天真”的观点本于此;以心地真淳出于自然为“天真烂漫”,亦源于此。这两段的“贵真”说具有开创性的意义,故分别阐述之。

(1)首则阐言真性感人、真情动人之精辟言论,在后代文学领域中获得了巨大的回响:如《文心雕龙·情采》继之而提出“文质附乎性情”、“情者文之经”、“为情而造文”、“依情待实”、情重于采等重要主张,陶渊明的诗被评为具有“一语天然万古新,豪华落尽见真淳”的文字风格①,乃至李贽的“童心”说②,皆与老庄

---

① 金代元好问在《元遗山集·论诗绝句三十首》中对陶渊明的评论,亦正合于《庄子》贵真的意旨。

② 明代李贽提出“童心说”,在《焚书》中说到:“夫童心者,真心也;……若夫失却童心,便失却真心;失却真心,便失却真人。”参看朱良志编著《中国美学名著导读》(北京大学出版社,2004年版,第192页)。

真性思想具有一脉相承的联系。《庄子》"贵真"说所强调的真情的动人力量,对文学创作中强调真情实感产生重要作用。

(2)引文第二小段"礼者,世俗之所为也;真者,所以受于天也",有两层重要的意涵。其一,指出外在的礼和内在的真的区别,这区别代表了儒道两家各自侧重的内涵。战国中后期,儒者在维护礼制文化的呼声中,逐渐离开原始儒家正心诚意而趋于世俗之礼,形成繁文缛节,这与庄子后学对于情真意切的内在追寻有着显著的区别。后代文学上的"童心"说、"性灵"说以及"真趣"说①,都与《庄子》情真意切的观点有深刻的关连。其二,"法天贵真"之说,再度体现了庄学在天人关系中"以其真"、"反其真"的主张,"真"为人的实质之性,它源于天而内在于人②。

《渔父》篇中由人的本性谈真情之可贵,同时论及"修身守真"。渔父和孔子的寓言还提出"处静息影"的方法③,处静是修身守真修持的基本方法。这个方法在《天地》、《庚桑楚》为人性下界说时已有所论及,下面进一步阐述之。

---

① "性灵"说和"真趣"说皆为明代公安派袁氏三兄弟所提出,认为文艺主要是表现"性灵",而"性灵"就是人的本色;主张写诗不应受伦理的制约,应以情感性灵为主,说到:"独抒性灵,不拘格套,非从自己胸臆流出,不肯下笔。"(《袁中郎全集》第三卷《序小修诗》)袁宏道认为"趣"是情、景交融所产生的一种美感体验。他以纯真为"趣"的出发点,以"趣"为真性的表现。参看方克立主编《中国哲学大辞典》,中国社会科学出版社,1994年版,第469、572页。

② 参看杨国荣《庄子的思想世界》,第26—29、48—52页。

③ 《渔父》:"人有畏影恶迹而去之走者,举足愈数而迹愈多,走愈急而影不离身,自以为尚迟,疾走不休,绝力而死。不知处阴以休影,处静以息迹。……谨修而身,慎守其真,还以物与人,则无所累矣。今不修之身而求之人,不亦外乎!"

三、"性修反德"的修持工夫与境界

(一)"虚"、"静"、"明"的修为方法

人类面临席卷而来的物化浪潮,面对日愈束缚人心的人伦规范之异化趋势,"性修反德"的呼吁遂成为庄学在人性论议题上所提出的重大课题。

庄子在《天地》与《庚桑楚》中为人性下了明确的界说,同时言及心性持修工夫的问题。《天地》提出"性修反德"的主张,即是通过修养心性的方法,逐步将人的精神层次提升到"德"的最高境界。《庚桑楚》中进而具体地提及"正"、"静"、"明"、"虚"的修养工夫①。

"虚"、"静"、"明"成为中国哲学史上的重要范畴,最早见于《老子》。从老子开始,"虚"、"静"便成为道家心学修养论中的核心概念,而"明"的概念成为心境和思维感通之况喻,则始于庄子②。

徐复观说:"虚静是道家功夫的总持,也是道家思想的命

---

① 修养工夫上,儒道两家皆有论及,正如徐复观先生所说:"人性论的工夫,可以说是人首先对自己生理作用加以批评、澄汰、摆脱;因而向生命的内层迫进,以发现、把握、扩充自己的生命根源、道德根源的……以孔孟老庄为中心的人性论,是经过这一套工夫而建立起来的。'工夫'一词,虽至宋明而始显;但孔子的'克己'及一切'为仁之方',孟子的'存心'、'养性'、'集义'、'养气',老子的'致虚极,守静笃',庄子的'堕肢体,黜聪明',以至'坐忘',皆是工夫的真实内容。"(《中国人性论史·先秦篇》,第460—461页)案:"工夫"一词最早出于晋代道家的著作中,首见于葛洪《抱朴子·遐览》:"艺文不贯,徒消工夫。"
② 参看涂光社《庄子范畴心解》,中国社会科学出版社,2003年版,第114—128页。

脉。"①徐先生说得好,可惜未即展开论述。"虚"、"静"等人生修
养方法以及"复性"("复命")工夫,创始于老子,庄子继之,有着
更大的补充和发展。下文依次申述之。

1."虚":"唯道集虚"

在中国哲学史上,《老子》首先将"虚"与"心"联系起来,他说
"虚其心,实其腹"(第三章)。虚心的修养,在消极方面是去除主
观成见,积极层面则是扩大心胸的涵容性。老子还将"虚"与动、
静观念结合②,其"虚静"的修养工夫对后代的影响至为深远③。

老子虚静说著称于世,但《庄子》内篇中"静"的概念却未得
一见④。对比之下,内篇着力于发扬"虚"的观念,突出"虚其
心"——阐发"心灵"的开阔性。如《齐物论》开篇提出"众窍为
虚"——形象化地描写开放心灵所发出的言论,具有特殊的意义
与价值。对应于"众窍为虚",庄子接着提出"莫若以明",描绘开
放的心灵可以如实地反映外在多彩的世界。

《人间世》在著名的"心斋"学说中,进而提出"唯道集虚"的
重要命题,主旨是在表述心透过"听之以耳",历经"听之以心"、
"听之以气",达到与道结合的境界("唯道集虚")。所谓"唯道
集虚",意指透过心的专一,心灵就能与道结合,道就能落到虚的

---

① 徐复观《中国人性论史·先秦篇》,第383页。
② 《老子·第十六章》首句将"虚"与"静"连言:"致虚极,守静笃。"《第五章》则将
"虚"与"动"连言:"天地之间,其犹橐籥乎?虚而不屈,动而愈出。"可见,《老子》
书中将天地形容像风箱一样,因为空间上的虚而能容万物,万物在流动之中而有无
尽的可能。老子同时提及"虚静"和"虚动"的观点,不过,"虚静"概念的影响则较
为深远。有关道家虚、静的范畴,请看看涂光社《庄子范畴心解》,第88—93页。
③ 如周敦颐提出"主静"的观点,乃深受老子影响。
④ 《庄子》的外篇、杂篇则继承老子思想,出现"虚"、"静"联结的复合词。

心境上。"心斋"的境界需要经过层层的磨练方能达到,有三个修养的工夫:第一是"一志",第二是"止念",第三是"集虚"①。"集虚"工夫使耳目内敛,任清虚之气出入而无所用心,如是心灵不仅能够明晰透彻地观照外在的事物,如实地认识外在事物的情状,而且能够"徇耳目之内通"——烛照内在的精神活动。

内篇《应帝王》强调"虚"的作用时说:"至人之用心若镜,不将不迎,应而不藏,故能胜物而不伤。"中国文化哲学史上著名的"心镜"说,便渊源于此②,指至人之心能如实地反映外在的客观事物,且能如实地反映民心所向而广纳民意③。

"虚"作为庄子心学的重要概念,由老学的虚心、纳谏而凸显其开广心灵的涵容性,正如《坛经》所说:"心灵广大,犹如虚空,无有边畔。"宋明陆王心学,一方面继承孟子"万物皆备于我"的唯我论,宣称"宇宙便是吾心,吾心便是宇宙"(陆象山《杂说》);另一方面亦承袭庄、禅,冲破网罗而开拓胸臆的心学。两者的不同处在于,前者容易由唯我论走向独断论,后者(尤其是庄学)则

---

① 李德勇《庄子超越精神赏析》,收录于《道家文化研究》第8辑,上海古籍出版社,1995年版,第118—120页。

② "心镜说"不仅与禅宗有思想脉络的连续性,亦为宋明理学与心学所继承,如程颢《定性书》之"定性"议题及其主旨即源于庄子,举其要者如:一,"定性"的论题即来自《庄子·大宗师》"无事而生(性)定";二,《定性书》全文主要用语、概念都出自《庄》书,如"两忘"、"无情"、"无内外",而文中"无将迎"出自《应帝王》篇末。正如冯友兰已指出:"程颢所说的'无将迎'出自庄周。"参见《中国哲学史新编》(五),人民出版社,1988年版,第115页。

③ 美国学者安乐哲(Roger Ames)与郝大维(David Hall)曾在他们合著的书中说:"道家思想既不消极被动,也非枯寂。水是生命之源;镜是一种光源;心是一种能够起改造作用的能量之源。像镜子那样去'认知',不是要重复这个世界,而是要将其投射于某种光亮中。"参见安乐哲、郝大维《道不远人——比较哲学视域中的〈老子〉》(学苑出版社,2004年版,第50页)。

意在破除人的自我中心论。

2."静"："斋以静心"

《老子》在动静相养中①,较多地从政治人生谈"清静"、"好静"(如谓"清静为天下正"、"我好静而民自正")②。《庄子》则着意于发挥老子"反(返)者道之动"的观点,突出宇宙间大化流行以及万物"无动而不变,无时而不移"的意蕴。不过,庄子在谈心性修养时,又特别强调"虚"、"静"的工夫。如《德充符》说:"人莫鉴于流水,而鉴于止水,唯止能止众止。"③这正是谈心性的静定作用,"静"的工夫才能排除外界的纷扰,使心神专一,思绪凝聚。

老庄"静"和"虚"的联系,不仅在心性的修养上有深远的影响,在文学、艺术的构思创作上也至关重要,如《文心雕龙》所说"陶钧文思,贵在虚静"(《神思》)、"入兴贵闲"(《物色》),这都强调作家构思贵在虚静,其思想源头正出于《庄子》。以《庄子·达生》"梓庆为鐻"寓言为例,它描写艺术创作者由技艺专精而呈现道境的历练过程,而提出持守聚气、静心、凝神等工夫,其中"斋以静心"是艺术心性修养进程中的一项重要方法④。

关于静观,《天道》篇作了这样的比喻:"水静犹明,而况精神

---

① 《老子》动静相养的观点,最显著地表现于第十五章:"孰能浊以静之徐清,孰能安以动之徐生。"

② "清静为天下正"出自《老子》第四十五章,"我好静而民自正"出自第五十七章。

③ "人莫鉴于流水,而鉴于止水,唯止能止众止"之"鉴"通"镜",指心镜。"唯止能止众止"即后代道家、道教所说的收心止念。"止念"的观念可说萌芽于《庄子》内篇,其后形成道教"炼心"的术语。

④ 老庄虚静论的影响有两条进路,一在文学艺术,一在心性修养。而在宋明道学之后,几乎都由老庄的虚静论,转移到道德心性的修养上。

乎!"《庚桑楚》亦有言:"静则明。""静"、"明"相连,都在强调透过虚静工夫,来达到内在明觉的心境。下面我们由虚静进而谈《庄子》"明"的概念。

3."明":"莫若以明"

"明"的概念也始于老子,具有多层意涵。一,是认识自己(第三十三章"自知者明")。其二,是了解外在变动的法则(第十六章"知常曰明"),洞察事物运行转化的机先征兆(第三十六章"微明")。其三,是了解道的智慧(第二十七章:"袭明")。《庄子》继承《老子》"微明"、"袭明"的意涵,而提出"以明"、"葆光"、"瞻明"及"朝彻"等认识论中有关人心作用的重要概念。

《齐物论》开篇提出"吾丧我"的主旨,接着提出"众窍为虚"以及后文与之对应的"莫若以明"。所谓"丧我",意指去除成见之心("成心");所谓"吾",是由"虚""明"之心所呈现的开放心灵,使得个体生命可以和宇宙生命的大我相互会通。"吾丧我"之后,紧接着描绘"三籁"的寓言,从"地籁"的万窍怒呺,到"天籁"的吹万不同,形象化地隐喻"人籁"百家合唱的情状。庄子分析当时百家争鸣的概况时,指出封闭心灵("成心")造成了单边思考,显现出学派间相互排斥的现象(如谓"故有儒墨之是非,以是其所非而非其所是")。针对儒墨自是而非他之囿于"成心"的流弊,庄子于是提出"莫若以明"的思维方式,来观照事物。

庄子的"以明"犹如老子的"玄览",意指心镜的观照。"以明"之心,乃通过虚静的工夫,在消极方面去除自我中心与排他的成见,在积极方面培养开放心灵、广纳众说。

"以明"即用明镜之心来观照事物。它涉及认识心态和视觉主义(Perspectivism)的问题。就认识心态而言,即如上所述"成心"和"以明"之心的对举,用现代的语词来表述,可以解释为封闭心灵与开放心灵的对举。就视觉主义而言,庄子将审视对象的角度,分成"以物观之"和"以道观之"的不同层次。

《齐物论》中"以明"出现三次,先由"以物观之"进而"以道观之"的层次来进行论述:庄子指出,在道物的领域中,道的特点是同、通,物的世界则是杂多而分歧。在物的世界中,万物的存在互为彼此("物无非彼,物无非是"),从他物那方面就看不见这方面,从自己这方面了解得很清楚("自彼则不见,自是则知之")。若持"以明"之心,则能观照到万物的互为彼此,双方的关系是相依互含的;若"以道观之",则知宇宙大全乃一彼是相依、交摄互涵的有机系统①。

约言之,所谓"以明",若就视角而言,借由郭象"反复相明"的解释,则相当于《齐物论》所说的"两行",意指破除自我中心的单边思考而进行双向思维。进一层理解,"以明"不仅是双向思维,更相当于《大宗师》的"瞻明"、"朝彻"以及《应帝王》的"心镜",即意指澄明之心不仅能够透彻地观照外在事物的情状,而且能够"徇耳目之内通"(《人间世》)——烛照内在的心灵活动。

要之,澄明之心得以体认这世界中群我关系乃互为彼此而相互依涵,进而"以明"之心得以观照各物乃彼此互为主体、相互会通,而达到"道通为一"的境界。

---

① 参看方东美《原始儒家道家哲学》,台北黎明文化事业公司,2004年版,第300—304页。

4.“通”:“同于大通”

庄子十分突出“通”的意涵①,有两个主要的命题,即“道通为一”(《齐物论》)和“同于大通”(《大宗师》)。

《庄子》“明则通”的认识论与心性修养论,在中国哲学史上是十分独特的思想概念。兹举内篇三例为说。第一,在《齐物论》由“莫若以明”到“道通为一”的论述中,首次提出“明”、“通”的思想理路。第二,《人间世》论述“心斋”的心境时,说到“虚室生白”、“徇耳目之内通”,“虚室生白”乃“以明”之变文,此谓“以明”可以“内通”,透过内外相明来达到体道的境界。第三,《大宗师》论学道时,提出“瞻明”、“朝彻”的心境,此即《齐物论》的“以明”心境,论“坐忘”而描述“同于大通”的道境,这也是“明”与“通”相连的思路。由《齐物论》的“道通为一”到《大宗师》的“同于大通”,前者侧重于物我之间的互为主体、相互会通,后者则侧重个体生命的向上提升。

总之,在“性修反德”的课题上,“虚”、“静”主要在心性修养的工夫论上,而“明”、“通”则由工夫进入到主体观照的心灵境界。

(二)“缘而葆真”的道德境界与“采真之游”的审美意境

庄子提出“性修反德”的修持工夫与境界,上文就“性修”而论述道家虚、静、明的修为方法,并侧重于阐述庄子“唯道集虚”、“斋以静心”、“莫若以明”之意涵,后文则就“反德”境界诠释“缘而葆真”的道德境界与“采真之游”的审美意境。

---

① 《庄子》中“通”约见五十多处。

1."缘而葆真"的道德境界

儒、道在继承殷周文化传统上,居于不同视角而有不同的选择,但也有相互会通之处,而人文精神即为其相互会通之处。面对周代礼制的流弊,孔、老在人伦道德方面,对周代文化皆有所继承也有所更新。孔子由情说仁,缘情制礼①;道家各派亦然,如庄子学派提出仁义需合于人情(《庄子·骈拇》"仁义其非人情乎"),又如稷下道家则明确提出因人之情的礼观(《管子·心术上》"礼者,因人之情,缘义之礼")。

庄子后学在外、杂篇中,固然对仁义之束缚人性多所指陈,但他们并非反伦理主义者。从正面角度来看,庄子后学在伦理道德思想上,有两个层次的论述:其一,属伦理社会层次;其二,属精神境界的层次。简要陈述如下:

(1)就社会伦理道德层面而言,道家强调人伦关系建立在真情至性的基础上,仁义孝慈的情感乃在自然情境中产生的,因而《庄子》说"爱人利物之谓仁"、"端正而不知以为义,相爱而不知以为仁"(《天地》)。这些主张都属于社会伦理范围,强调仁义乃出自人的自然本性②。

(2)就"以道观之"的视域或万物一体而言道德境界时,庄子常将仁义范围由爱人扩及利物,如《大宗师》说"鳌万物而不为义,泽及万世而不为仁",《齐物论》说"大仁不仁……仁常而不

---

① 参看冯达文《中国古典哲学略述》,广东人民出版社,2009版,第 26—27、31—33页。

② 《庄子·大宗师》提出"忘仁义"之说。"忘"是达于安适状态的心境,"忘仁义"乃指安适于行仁为义。此处表达了仁义与生命的契合关系,透露了仁义是一种感情的自然的流露。

周"，以及《天运》、《庚桑楚》所谓"至人无亲"，意指超越儒家建立在血缘关系上的亲亲之意，进而把人类的爱扩散到更宽广的范围，这正是后来宋代杨时《龟山语录》所说："万物与我为一，其仁之谓乎。"

　　庄子所追求的理想人格，无论是"真人"、"至人"、"神人"，都带有浓厚的道德境界和审美意境的风格。《庄子》内篇中，自《逍遥游》的"至人"到《大宗师》的"真人"，较为人所熟知。这里，我仅例举外、杂篇中《田子方》和《则阳》各一则对于理想人格达于道德境界的描述：

　　　　其为人也真，人貌而天虚，缘而葆真，清而容物。(《田子方》)

　　　　其于人也，乐物之通而保己焉；故或不言而饮人以和。与人并立而使人化。(《则阳》)

这两则对于理想人格的道德境界的描绘，可与《天下》篇有关论述连结思考。《天下》在介绍庄周的人格特质和学术风貌时这么说"独与天地精神往来，而不敖倪于万物"、"不谴是非，以与世俗处"。这两句话至关紧要：前一句要在使个体生命流向宇宙大生命而拓展自己的思想视野，提升自己的精神意境；后者则表达了庄子在追求精神超拔的同时，还抱持深切的人间情怀与社会关爱。

　　《天下》所论述庄周的精神境界及其"以与世俗处"的社会关怀，和上引《田子方》、《则阳》之文，正相对应。《田子方》所谓"其为人也真"，是写"至人"或"真人"由本性的真朴而提升到道德修养的真淳境界；"天虚"是谓其心胸的开阔；"缘而葆真"是形容其清介不阿的道德情操与保守天真的人格特质；"清而容物"是写他"不敖倪于万物，以与世俗处"的一面。

2."采真之游"的审美境界

"性修反德"的"返德"境界中，我们申说了"缘而葆真"的道德境界，接着来叙说"采真之游"的审美意境。《天运》提出至人"采真之游"的人生意境时是这么说的：

> 古之至人，假道于仁，托宿于义，以游逍遥之墟，食于苟简之田，立于不贷之圃。逍遥，无为也；苟简，易养也；不贷，无出也。古者谓是采真之游。

庄学风格并不像儒者那样，将仁义道德规范视为人生的终极目标，而只把它们视为人生旅途中一个寄宿的过程。此段以"至人"所表征的理想人格，过着质朴简易的物质生活（"食于苟简之田"），且心神持着自得自在的情状（"以游逍遥之墟"），而所谓"采真之游"，意即保持真性的遨游，翱翔于真情实性的游心之境。

《天运》后以"逍遥，无为也；苟简，易养也；不贷，无出也"解释至人的"采真之游"——至人之所为，适意自如；所养，朴质无华；所居，恬淡安然。"采真之游"的图景，常使人联想起中国古代山水画中的人物景致；庄子所谓"游逍遥之墟"，有如古画《江亭山色图》、《江岸望山图》①所描绘的春景：在旷朗的天地间，疏林廓落，溪水泛流，远处奇峰异石突起，近处则草亭立于岸边暮色之中。心

---

① 元代山水画，实乃"心性的伸展"，其中倪瓒《容膝斋图》、《江亭山色图》、《江岸望山图》最为称著。请参看朱良志《中国美学十五讲》第九讲，北京大学出版社，2006年版，第217—228页。

灵安放在这"天籁"的情景中,也正是"采真之游"意境的写照。

　　"采真"与上文"葆真"不同之处在于它不是被动葆有内在之真,而是外放以寄情于天地,撷采天地之真,以达至人与天地冥合之境。

　　"采真之游"是一个极富意蕴的美学概念,而《天运》的语境意义过于简略,需放置在《庄》书有关艺术人生的语意情境中,才更能体现它的丰富内涵。首先,我们要从天地之美和道的艺术创造性说起。

四、天地之美与好美的本性

(一)道的艺术性创造

　　《老子》只说"道生万物",《庄子》则一再突出道创生万物时所体现的艺术创造精神,如《大宗师》论及"道"生万物时,不住地赞赏大道的艺术创造性,其文曰:

> 吾师乎! 吾师乎! 齑万物而不为义,泽及万世而不为仁,长于上古而不为老,覆载天地刻雕众形而不为巧,此所游已。

所谓"刻雕众形",诚然吾人仰观宇宙之神奇,俯察众形之美妙,宛如艺术大匠之创作活动。游心于这不带刻意所创造出的艺术宝库中,恰似"采真之游"意境的写照。

(二)天人的和乐之境

　　《天道》再度阐发"道"之"刻雕众形而不为巧"的艺术精神,并称之为"天乐",其文曰:

> 夫明白于天地之德者,此之谓大本大宗,与天和者也;所以均调天下,与人和者也。与人和者,谓之人乐;与天和者,谓之天乐。庄子曰:"吾师乎!吾师乎!整万物而不为义,泽及万世而不为仁,长于上古而不为寿,覆载天地刻雕众形而不为巧,此之为天乐。"

这里,将人类与大本大宗的天地和谐对应的态度,称为"天和";将人类与天地万物共存并生所呈现出的和乐情境,称为"天乐"。这和乐情境落实到人间,治世的艺术在于"人和";在消解族群对立的国度里所呈现的和谐欢愉之气氛,是为"人乐"。《天道》篇由"人和"谈到"人乐",由"天和"谈到"天乐",勾勒出一幅天人和乐的美丽景象①。

(三) 游心于至美至乐的道境

这种天人和乐情怀的审美思维,在《田子方》里也有所阐述。《田子方》在论及游心于道境时,便由道之艺术创造精神,进而说到道之美以及道境之"至美至乐",其文曰:

> 老聃曰:"吾游心于物之初。"……孔子曰:"请问游是。"老聃曰:"夫得是,至美至乐也,得至美而游乎至乐,谓之至人。"

所谓"物之初",指的就是"道";"游是"就是游心于道。游心于道的境界,是一种"得至美而游乎至乐"的境界。《田子方》这里明

---

① 在先秦典籍中,谈"和"时,大都谈论人际关系的和谐。唯独《庄子》由"人和"论及"天和",高唱天人之和。除《庄子》外,《礼记·乐记》也说"乐者,天地之大和也",《乐记》的和谐观,可能是庄学一系美学思潮的发展。

确以道境为美乐之境。

(四)天地万物皆具审美的意蕴

《田子方》论及道境之"至美",接着《知北游》明确地提出"天地之美"的论题:

> 天地有大美而不言,四时有明法而不议,万物有成理而不说。圣人者,原天地之美而达万物之理。

"天地有大美",则天地间一切形态都可呈现美的踪迹。庄子看到天地间一切物象千姿万态,生机盎然,引发人对山水之美的观赏趣向,正如《知北游》另一处所说:"山林与!皋壤与!使我欣欣然而乐与!"[①]后世对于山水的品鉴便渊源于此。魏晋以后,美学艺术逐渐成为一个独立的范畴,嵇康是其中的代表人物。嵇康的《声无哀乐论》指出,音乐的美既无关乎人主观的哀乐情志,亦不黏附于社会的规范制约,将美的客观价值从政治教化中解放出来。魏晋形成一审美情趣高涨的时代,山水诗画的创作与鉴赏蔚为风潮,与庄子"天地之美"的审美情趣的激发不无关系。宗炳在《画山水序》中发出"山水以形媚道"的赞叹,提出"澄怀味象"这一审美鉴赏的命题,即以虚静澄彻的心怀,来体味观赏的对象,从而获得"畅神"的愉悦[②]。藉由观赏天地山水之美而达致主体精神愉悦的审美情怀,实导源于《庄子》,如《外物》篇说"大林丘

---

① 从这一段引文的语脉意义来看,庄子一方面指出山水引发人的欢愉之情,但后文又接着说:"乐未毕也,哀又继之。哀乐之来,吾不能御,其趣弗能止。"意指人经常会处于哀乐的感情波动之中。

② 可参看朱良志编著《中国美学名著导读》,第64—67页;张法《中国美学史》,四川人民出版社,2006年版,第100—101页。

山之善于人也,亦神者不胜",大林丘山所以引人入胜,正是由于人置身其中顿感心神舒畅的缘故。

《庄子》由道之美,导引出天地之美,也由此流露出人性之美。

(五)好美出于本性

由内、外篇论述"道"的和乐境界与美乐境界可知,"道"的真和美带来人性的真和美。如《则阳》里说到人有好美、爱人的本性时这么说:

> 生而美者,人与之鉴,不告则不知其美于人也。……其可喜也终无已,人之好之亦无已,性也。圣人之爱人也,人与之名,不告则不知其爱人也。若知之,若不知之,若闻之,若不闻之,其爱人也终无已,人之安之亦无已,性也。

这段话说到人生而美,好美是人性的表现,圣人爱人也是人性的展现。这段引文展现出人性美与爱的一面,可与"天地有大美而不言"相呼应,说明天地间的一切都可以作为审美的对象。济慈就说道:"美即是真,真即是美。那是你在世界上所知道的一切,也是你必需要知道的一切。"(《希腊古瓮颂》)

小 结

本文呈现庄子人性论的三大特点:其一,以"道之真"为形上基础,论证了人性之真。其二,以"道之美"("天地有大美")为理据,演绎本性之好美。其三,透过孟、庄的对比,可知庄子的人性论由道德形上学推演而来,孟子的人性论则没有明显的形上根据。虽然如此,在人文主义思潮的发展架构下,孟子强调的人性之善,和庄子突出的人性之真与美,共同将人性的真、善、美①发展到高峰,相互辉映。

(本文原刊于《哲学研究》2010 年第 12 期。)

庄子论情：无情、任情与安情

　　中国人性论主题为心、性、情三者。此前我曾发表《〈庄子〉内篇的心学》、《庄子论人性的真与美》①，就庄子人性论心性部分阐述己见。我原以为对庄子人性论的讨论就此可以告一段落，然而纵览中国人性论史的发展，越发觉得庄子思想中"情"的论题之重要性②。因此，本文拟从庄子学派的性情一体观，以及无情

---

① 两文先后发表在《哲学研究》2009 年第 2 期与 2010 年第 3 期。

② 庄子之"情"近些年来也逐渐成为受到关注的议题，在海外和中国大陆均有若干相关的论文发表，笔者所见的有：(1)陈金梁的《无情与猖狂：论〈庄子〉中无情的两种诠释》(刘笑敢主编《中国哲学与文化》第 6 辑，广西师范大学出版社，2009年版)；(2)庄锦章"Zhuangzi and Hui Shi on *Qing*"，(《清华学报》新四十卷第 1期，2010 年版)；(3)王志楣《道是无情却有情——论庄子的情》(方勇主编《诸子学刊》第二辑，上海古籍出版社，2009 年版)；(4)简光明《庄子论"情"及其主张》(《逢甲中文学报》第三期，2001 年版)；(5)蔡妙坤《庄子论"情"》(台大哲学研究所硕士论文，2007 年)；(6)李德平、张文秀《从王弼"圣人有情"说看魏晋时代的重情思想》(《河南师范大学学报(哲学社会科学版)》1999 年第 2 期)。另有朱怀江《庄子"有无之情"论辩证》(《新疆师范大学学报(哲学社会科学版)》1999 年第 1 期)、晁福林《试析庄子的"情性"观》(《中州学刊》2002 年第 3 期)、肖云恩的《忘情之情——庄子"真情"思想研究》(《重庆科技学院学报(社会科学版)》2010

说、任情说与安情说等方面，申说庄子的情论。

一、"性情不离"观在人性论史上的重大意义

（一）汉宋儒家扬性抑情而致情性割裂

人性论由两个重要的部分构成：其一为心性论，其二为情性论。若仅有心性论而欠缺情性论，则人性论未能完足，如同生命中欠缺血气活力而衰变成为干枯的生命。就个体生命而言，情是源头活水，是生命创造的潜能与动力。若人性论只局限于心性而不及情，就成了残缺的人性论。

以朱熹理学为代表的宋明儒学，自南宋末起，下历元、明、清数代，被官方认可为正统哲学。朱熹继承韩愈的道统说，使之主导学人思想观念达六七百年之久①。长期以来，中国哲学中人性论的主要观点，亦不知不觉中局限于宋明儒学伦理中心之单一化思维。而此一儒学伦理中心的人性论，最大的偏失在于"以性禁

年第 13 期）、方金奇《〈庄子·内篇〉之"情"》（华东师范大学 2006 届毕业论文）等，笔者尚未读到。关于魏晋情论的研究成果，有林丽真《王弼"性其情"说析论》（收入《王叔岷先生八十寿庆论文集》，大安出版社，1993 年版）、吴冠宏《庄子与郭象"无情说"之比较——以〈庄子〉"惠庄有情无情之辩"及其郭注为讨论核心》（《东华人文学报》第 2 期，2000 年版）、何善蒙《魏晋情论》（光明日报出版社，2007 年版）。

①　美国史学家田浩（H.C.Tillman）在《朱熹的思维世界》的"绪论"中便指出："目前对宋代儒学发展的研究大致仍反映传统中国、日本学者所取得的成果，传统的观点和方法仍占据研究的主导地位，亦即以朱熹（1130—1200 年）的道统为主线……。"（陕西师范大学出版社，2002 年版，第 1 页）

情"①以及其心性说之流于禅学化。

心、性、情、欲是人性论的主要议题。原始儒家主张"仁者爱人",在强调伦理道德的同时,并未寂灭情的作用。在原始儒家礼外乐内的伦理架构下,若欠缺人性中"情"的质素,"乐"就无由产生,人与人之间的情感也无由交通成和。原始儒家"由情说仁"与"缘情制礼"②,这一情礼兼顾的整体人性思维,在后来儒学的发展中出现了严重的偏颇。董仲舒倡导独尊儒术,在其阳尊阴卑的架构中提出"阳性阴情"说,主张"损其欲而辍其情",贬抑"情"的地位和作用③。到了宋明时期,承接董仲舒抑情扬性的思路,理学家在佛禅尊性黜情的基础上提出"存天理,灭人欲"的极端主张,更加导致情性割裂的趋势。宋明儒学之所以只谈心性而减损情、欲,主要缘自佛禅的影响。禅宗认为本心清净,主张断灭情感,使心性"空寂化"④。这不但与原始道家心性论有很大的不同,也不符合原始儒家的一贯思想。

---

① 冯友兰解读董仲舒的性情论时讲到:"以性禁情,方可使人为善人。"(冯友兰《中国哲学史(下)》,华东师范大学出版社,2000年版,第19页)实际上,在理论系统上,宋儒"以性禁情"的偏失更严重,比董仲舒的影响力也更深远。

② 参见冯达文《中国古典哲学略述》,广东人民出版社,2009年版,第26、31页。

③ 董仲舒《春秋繁露·深察名号》讲:"身之有性情也,若天之有阴阳也,言人之质而无其情,犹言天之阳而无其阴也,穷论者无时受也。"王充《论衡·本性》曰:"仲舒览孙、孟之书,作性情之说,曰:'天之大经,一阴一阳。人之大经,一情一性。性生于阳,情生于阴。阴气鄙,阳气仁。曰性善者,是见其阳也;谓恶者,是见其阴者也。'"

④ 自达摩禅以"寂"解"真心",道信所倡禅法复宣扬"心性寂灭"。如来禅又将真心看作"静态的死寂"。参看杨维中《论禅宗心性思想的发展》,《汉学研究》第十九卷第二期,2001年版,第141—170页。

　　钱穆曾多次隐约指出宋儒玩索心性是受到了禅宗的影响①，张广保则明确指出"正是由于禅宗的影响，宋明理学家才特别提出'存天理、灭人欲'的主张"②。佛禅对理学心性论的影响可谓深入骨髓，这种流弊一直延续到港台当代新儒家中的心学一系，他们将"情"孤立在人性论之外来空谈心性，坠入了佛禅寂静孤绝的心体与性体之说而不自知，以致塞绝人情，将人性塑造成一寂静孤绝的绝对实体，以致将原始儒家关怀人群的德性伦理，转化为干枯闭塞的"概念木乃伊"③。

　　孔孟虽未对"情"的议题有所论述，但先秦儒学还有一条彰显"情"的线索，那就是近年湖北荆州出土的《性自命出》(上博称为《情性篇》)提出的"道始于情"、"情生于性"的精辟主张。但这一珍贵的竹简佚失了两千多年，已无补于宋明儒家传世文献中"以性禁情"的主流思想。

---

① 钱穆论述禅宗与理学关系的论文有多篇。他在《禅宗与理学》中说到：(1)程朱"只知用敬，不知集义，却是都无事也。窃谓都无事正是禅门宗旨。""朱子亦曰：心中若无一事时，便是敬。窃谓此等心法，实皆从宗门来。"(2)"程门性即理之说，近于道家。……象山近禅……程朱言心亦有近禅处，其言行言理，则近《老》、《庄》、《易》、《庸》。"(3)"宋明理学，亦可谓乃是先秦儒学与唐宋禅学之一种混合物。"(《中国学术思想史论丛(四)》，安徽教育出版社，2004 年版，第 207、211、213 页)《三论禅宗与理学》中则有一段很重要的话区别原始儒家与宋明理学的不同点，云："宋明理学，转讲修齐治平……然必以个人之存心养性为之主。……故宋明儒最要精神，到底偏向在如何立己，不如两汉前之偏向在如何了当天下万物。……宋明儒依然未脱净禅宗形迹。"(《中国学术思想史论丛(四)》，第 234 页)
② 参见张广保《原始道家的道论与心性论》，《中国哲学史》2000 年第 1 期，第 45 页。
③ "概念木乃伊"(conceptual mummies)一词出自尼采。尼采批评西方"几千年来凡经哲学家处理的一切变成了概念木乃伊"(《偶像的黄昏·哲学中的理性一》)。

（二）庄子的性情不离观

遍观先秦传世文献，最早将"情"的议题凸显出来的是《庄子》。或者说，在中国哲学史上，"情"的概念及其论题之被显题化始于《庄子》。我们现在常说的"人情"一词，首见于《庄子·逍遥游》;《骈拇》等篇还一再发出"仁义其非人情乎"的呼声①。此外，《庄子》书中还提出了许多与"情"相关而富有深刻哲学意涵的思想观念，如"道情"、"天情"、"恒物之大情"、"达生之情"、"达命之情"等。

在人性论的议题上，庄子学派提出了"性情"连词，值得留意。它在文学、艺术、美学上的影响尤为深远②。《庄子》一书情性并举多达 15 处。在"性情"、"情性"等复合词的使用中，不断地发出"反其性情"、"反汝情性"的呼声③。真情的流露，即是本性的回归，这正是《庄子》人性论中最感人之处。在庄子学派中，"情"与"性"、"命"构成的语词也频频出现，从而构成中国人性论史上无比重要的命题④。其中的"任其性命之情"与"安其性命之

---

① 庄子在中国哲学史上第一个提出"人情"的概念。荀子受到庄子思想的影响，多谈"人情"，《荀子》中"人情"出现 9 次。《吕氏春秋》中"人情"出现 2 次，《淮南子》中"人情"出现 10 次。

② 刘勰《文心雕龙·情采》讲"文质附乎性情"，"文采所以饰言，而辩丽本乎情性"，认为"性情"是文学内容的核心和审美价值的精粹。刘勰还提出了"性灵说"。《原道》讲："惟人参之，性灵所钟，是谓三才。"《情采》则有"综述性灵"的观点（参见涂光社《庄子范畴心解》，中国社会科学出版社，2003 年版，第 184—185 页）。

③ "反其性情"、"反汝情性"，见于《缮性》《庚桑楚》及《盗跖》。

④ 涂光社讲："'性命之情'的组合为庄子首创，它在《吕氏春秋》和《淮南子》中频频出现，是庄子天性合理的主张在春秋末到西汉前期很有影响的一个证明。""'性命之情'显然有生命性的内蕴，其要害在于肯定和维护众生的天性和自然感情。"（涂光社《庄子范畴心解》，第 175 页）

情"尤为笔者所关注(详见后文论述)。

在性情关系问题上,庄子提出了"情性不离"命题①,同时,他运用美妙的文学才思,形象地描绘"情性一体"的观点。如《徐无鬼》中借"越之流人"的故事生动地描述流放者远离故土的乡愁:"见似人者而喜矣;不亦去人滋久,思人滋深乎?"②这里流露出游子思乡之情,同时,又表明了此乡情实乃人之本性的呼唤。《则阳》篇中"旧国旧都,望之畅然"的感怀③,也同样地借着遥望祖国的喜悦之情,表达着对本性的回归。

本文要在论析庄子的无情说、任情说与安情说。现从内篇论情的议题开始。

二、《庄子》内篇中"情"的多层次意涵——道情、天情与人情

庄子常以多角度审视世界人生的种种事象,如《秋水》篇的"以道观之"、"以物观之"、"以俗观之"等,而其论情也不例外。庄子言情,全书多达 60 处,内篇出现 19 处。在不同的语境中,情

---

① 《庄子·马蹄》:"性情不离,安用礼乐!"

② 《庄子·徐无鬼》:"子不闻夫越之流人乎? 去国数日,见其所知而喜;去国旬月,见所尝见于国中者喜;及期年也,见似人者而喜矣;不亦去人滋久,思人滋深乎? 夫逃虚空者,藜藋柱乎鼪鼬之径,踉位其空,闻人足音跫然而喜矣,又况乎昆弟亲戚之謦欬其侧者乎! 久矣夫莫以真人之言謦欬吾君之侧乎!"(见陈鼓应《庄子今注今译》,商务印书馆,1999 年版,第 645 页)

③ 《庄子·则阳》:"旧国旧都,望之畅然;虽使丘陵草木之缗,入之者十九,犹之畅然。况见见闻闻者也,以十仞之台县众间者也!"(陈鼓应《庄子今注今译》,第 691 页)详见《老庄新论》之"流人思乡——本性的召唤",商务印书馆,2010 年版,第 349 页。

的意涵也不相同①。通体而言,主要意指实情与感情。上古的著作(如《尚书》、《诗经》)言"情"多作实情解,即指客观的情况。春秋时代的著作(如《左传》、《国语》、《管子》、《论语》),除了表达客观的事实之外,开始出现描述人的内心真情实感的解释。战国时代的著作(如《庄子》、《性自命出》和《荀子》等),以感情解释"情"成了普遍的现象②。

庄子论情以内篇《德充符》最惹人注目,该篇从情的正面意义与负面意义两方面加以阐发。其他各篇,尤其是外杂篇则多从正面进行讨论,甚至将情与性相联系。在《逍遥游》、《养生主》和《大宗师》中,庄子主要提出三个论情的重要概念,即"人情"、"天情"和"道情"。这三者的内在联系值得我们关注。庄子常常从天人之际着眼,来探讨三者的关系。在他的思想观念里,人情本于天情而源于道情,而二者又以道情为最根源性的存在依据。庄子赋予道艺术创造的功能,道是"刻雕众形"的"生生者"(《大宗师》),它创造的天地是大美的世界(《知北游》云"天地有大美")。这里,我们首先以内篇的《逍遥游》开始,探讨其中情的多层次内涵。《德充符》之"无情"说则在下节进行讨论。

(一)《逍遥游》"人情"语词之语境意义

《逍遥游》写到肩吾认为接舆之言"不近人情","人情"一词

---

① 许多学者都曾提到"情"的多重意涵,如实情、感情、性情等,如简光明《庄子论"情"及其主张》(《逢甲中文学报》第三期,2001 年版)、何善蒙《魏晋情论》。
② 如何善蒙《魏晋情论》所说:"就'情'含义的演变过程而言,是从客观到主观,由外在到内在,由具象到不断抽象的过程,而这也符合概念发展的一般规律。"(见何善蒙《魏晋情论》,第 16—18 页)此外,简光明、庄锦章等学者的论文对庄子"情"的多种意涵都做了详细的解析。

是在对姑射山"神人"进行描述时出现的，云："肌肤若冰雪，淖约若处子；不食五谷，吸风饮露；乘云气，御飞龙，而游乎四海之外；其神凝，使物不疵疠而年谷熟。"就内容来看，姑射山神人的身体形貌、生理特质，及其行为样态皆不类常人，因此，肩吾所谓的"人情"，当意指人自然而有的生命特质而言，是人的生命的本真情实。这里值得我们注意的是，此处的"人情"一语词，在中国古代哲学文献中为首次出现。

（二）《齐物论》"真宰"之情

《齐物论》开篇提出"吾丧我"的重要命题，扼要地说，就是要去除为"成心"所拘束的我而提升到可以与宇宙相通的本真的我（"真宰"、"真君"）。所谓"丧我"之"我"即指成见之心所形成的"我"。《齐物论》中"其寐也魂交，其觉也形开"这一段所描绘的就是由成心对立所导致的"日以心斗"的状态，并引起是非好恶的情绪波动（"喜怒哀乐，虑叹变熬，姚佚启态"）。《齐物论》要求人们从主观成见所引发的情绪纠葛中超越出来，以呈现出真实之自我。庄子称此真实之自我为"真宰"、"真君"，而与"逐万物而不返"的无根的自我相对。对于掌握、主宰自身生命的主人，庄子以"有情而无形"之语给予了高度的肯定。《齐物论》说："若有真宰，而特不得其眹。可行已信，而不见其形，有情而无形。"又说："其有真君存焉？如求得其情与不得，无益损乎其真。""真宰"、"真君"之"有情"，我们简称为"真宰"之情。在是非、好恶的成心纠缠中，自我总感受到"终身役役而不见其成功，苶然疲役而不知其所归"的大哀；庄子以为，只有开放的心灵（"以明之心"）才能体认道的"物化"，只有体认到宇宙的大化流行才能领悟人生的意趣（如庄周梦蝶之自喻适志）。

（三）《养生主》"天情"的语境意义

《齐物论》言及生命之"真君"、"真宰"乃"有情而无形"，其中的"情"体现了庄子对于真实自我的肯定。《养生主》载及"老聃死，秦失悼之"，当秦失见及"老者哭之，如哭其子；少者哭之，如哭其母"之情景时，心中已然领会其中必有"不蕲言而言，不蕲哭而哭者"，秦失讽此中之人为"遁天倍情，忘其所受，古者谓之遁天之刑"。所谓"天"，指向死生变化之自然恒常。"遁"和"倍"指违背、背弃。"遁天倍情"所批评的是不知死生变化及自然实情的狭隘认知，同时也包括由之引发的情感执着。与此相反，如果能够认识生死的变化不过是气的聚散①，面对生死能"安时而处顺"，不因生而乐，不因死而哀，则是顺应"天"和"情"。也就是说，"遁天倍情"的正面意涵即是顺应"天情"，"天情"意为"自然之实情"。《养生主》透过"遁天倍情"之说，暗示了循天应情的观点，以"天情"的视角，强调了生命顺时而生，应时而去，也就是《大宗师》所说的"翛然而来，翛然而往"之真（reality）。

（四）《大宗师》"道情"的意涵

《大宗师》又说："若夫藏天下于天下而不得所遁，是恒物之大情也。""恒物之大情"是物所固有的真实之情形。"藏天下于天下"是一种不藏的态度，是顺任万物的自然变化，这就是"恒物

---

① 《至乐》讲："然察其始而本无生；非徒无生也，而本无形；非徒无形也，而本无气。杂乎芒芴之间，变而有气，气变而有形，形变而有生。今又变而之死。是相与为春秋冬夏四时行也。"《知北游》讲："通天下一气耳。"

之大情"。万物的变化有其"所系"、"所待"，即"道"。

《大宗师》提出"恒物之大情"观念之后，接着就论述道的"有情有信，无为无形；可传而不可受，可得而不可见"。所谓道"有情"，指道之情实，我们用"道情"来指称。老子之道"玄之又玄"，庄子之道虽然无为无形，不可口授不可目见，但却是可传可得的。在《庄子》内篇中，"道"开始与人心有了联系，人可以体道、悟道、修道，通过人心的修养而上升到"道情"的境界。《庄子》中已经出现了修道的境界和工夫，如《人间世》中的"心斋"，《大宗师》中的"坐忘"、"见独"等①。而"唯道集虚"、"同于大通"、"见独"均是得道、体道的不同表达方式。

综观内七篇，其中的"情"有情感之义，但主要为"情实"之义。《逍遥游》所讲的"人情"，意指人自然而有的生命特质，是人的生命的本真情实。《养生主》将"情"与"天"对举，"情"指本真的情实，"天情"义为自然的本真的情实。《大宗师》讲："夫道，有情有信，无为无形。"其"情"亦为"情实"之义，指道的真实。如果从《秋水》篇所提出的多视角来看，《逍遥游》所讲的"人情"实为"以物观之"的视角，"天情"和"道情"则是"以道观之"的视角。人的生命来自于"天"，本自于"道"，也可以说，《逍遥游》的"人情"来自于《养生主》所讲的"天情"，"天情"来自于《大宗师》所讲的"道情"。那么，此"人情"是"道"、"真宰"向人世间的落实，

---

① 《人间世》讲："唯道集虚。虚者，心斋也。"《大宗师》提出"坐忘"："堕肢体，黜聪明，离形去知，同于大通，此谓坐忘。"《大宗师》中还讲述了"见独"的体道过程："吾犹守而告之，参日而后能外天下；已外天下矣，吾又守之，七日而后能外物；已外物矣，吾又守之，九日而后能外生；已外生矣，而后能朝彻；朝彻而后能见独；见独而后能无古今；无古今而后能入于不死不生。"

具有正面的、肯定的意义。但是,人在群体中会因为每个人的"成心"存在而产生是非好恶之情。这样的情,就是"以俗观之"的"俗情"。《德充符》所讲的"无情"中的"情"即是此"俗情"。人只有跳出是非好恶之情的漩涡,才能回归人的生命的本真状态,即"人情",进而上升到"天情"和"道情"。因此,庄子在《德充符》中借庄子与惠子的论辩提出"无情"之说。下面我们来分析庄子的"无情"说。

三、无情说——道似无情却有情

庄子表达人生哲理时,经常交错使用论述和对话两种不同方式来进行。《德充符》篇末,惠、庄有关情与无情的对话,正与前面的一段论述紧密联系。下面我们就从其论述和对话之间的内在联系进行解析。

(一)天人关系语境下提出"情"的议题

庄子论情,其中一个重要意涵在于引出了"无情"之说。"无情"说主要见于《德充符》"有人之形,无人之情"一段,以及庄子与惠子的一则对话中。首先,《德充符》篇末出现这样的一段论述,云:

> 天鬻者,天食也。既受食于天,又恶用人!有人之形,无人之情。有人之形,故群于人;无人之情,故是非不得于身。眇乎小哉,所以属于人也!謷乎大哉,独成其天!

上文关于"情"的论述是后文惠、庄无情之论辩的引言,主旨是在天人关系的语境下讨论"情",从天人之境中将个体生命提升到

"天地精神"的境界。

　　所谓"有人之形，无人之情"的深层意涵为生命由来于天、禀赋于道。而"有人之形，故群于人；无人之情，故是非不得于身"意指人在社会群体关系中由于各自的"成心"形成偏执的心态和狭隘的视野，以致相互否定、彼此排斥（"是其所是而非其所非"），从而引起了"喜怒哀乐，虑叹变慹，姚佚启态"的情绪波动。这正与《齐物论》的相关论述相互呼应。《德充符》这段"无人之情，故是非不得于身"的"情"乃是指世间人群纠葛于主观的是非判断而产生的"负累"之情①。这乃是庄子逆向思维的表述。

　　（二）惠、庄有关"情"与"无情"的对话

　　上文"有人之形，无人之情"的论述引发了惠施与庄子关于有情与无情的论辩：

　　　　惠子谓庄子曰："人故无情乎？"庄子曰："然"。惠子曰："人而无情，何以谓之人？"庄子曰："道与之貌，天与之形，恶得不谓之人？"惠子曰："既谓之人，恶得无情？"庄子曰："是非吾所谓情也。吾所谓无情者，言人之不以好恶内伤其身，常因自然而不益生也。"惠子曰："不益生，何以有其身？"庄子曰："道与之貌，天与之形，无以好恶内伤其身。今子外乎子之神，劳乎子之精，倚树而吟，据槁梧而瞑，天选子之形，子以坚白鸣！"

---

①　"感情的负累"之语见陈金梁《无情与猖狂：论〈庄子〉中无情的两种诠释》，载于刘笑敢主编《中国哲学与文化》第 6 辑，第 244 页。

在"吾所谓无情者,言人之不以好恶内伤其身"的陈述中,庄子所说的"无情"的语境意义是很清楚的,即"不以好恶内伤其身"。而其蕴含的深层意涵则是要将人情提升到道情、天情之境。庄子一再宣称"道与之貌,天与之形",它的意思正是强调人情禀赋于道情、天情。

统观全文,在庄子和惠施关于"有情"与"无情"的论辩中,二人虽然同样讨论"情",但是彼此的视角各异,"情"的语境意义也不一致。

道家探讨问题,既有正面思考,也有逆向思维,因而,问题的表层结构和深层结构都能关照到。借用《秋水》"以道观之"、"以物观之"、"以俗观之"的多重视角论点,庄子对人情的论述也具有多个层次。从以俗观之的角度来看,他指出"成心"所带来的相互否定、彼此排斥的后果。从以物观之的角度来看,他一方面指出人情会走向"负累"之情;另一方面又说明,人情从根源上禀赋于天情、道情,从这点上,庄子对人情持肯定态度。这体现了庄子将天、地、人联系起来思考的整体性思维。老、庄都秉持着这种多面向的思维,足以证明道家的人性论是建立在其形而上学理论基础之上的。老子提出"道生一,一生二,二生三,三生万物"的观点,以解释道与万物的关系。庄子又进一步提出"天地者,万物之父母"的观念。这种观念将天地人视为相互联系的整体。由此,庄子进一步将人情的根源上溯至天情、道情。上文所说的"道与之貌,天与之形"也体现了这种整体性思维,庄子通过它说明人的生命由来于天、禀赋于道。

正是因为这种整体性的思维,庄子对人情的观点并不局限于

"以俗观之"、"以物观之"的层次,而是提升到"以道观之"的层次。这可以从他对"无情"的论辩中看出来。在"吾所谓无情者,言人之不以好恶内伤其身"的陈述中,庄子所说的"无情"的语境意义很清楚,即"不以好恶内伤其身"。而其蕴含的深层意涵则是对情的超越和提升,即超越负累之情,将"人情"提升到"天情"和"道情"。

庄子试图通过"无情"说破除"是其所非而非其所是"的狭隘封闭的心灵,使个体生命能够通向宇宙生命。"无情"事实上蕴含了宇宙之深情,此宇宙之深情即是"道情"。以此情关注现实人生,就不会陷入到是非好恶的漩涡中。

庄子的"无情"说对后代有很深的影响。《世说新语》中的"太上忘情"化用了庄子"无情"之意。李白《月下独酌》讲"永结无情游,相期邈云汉",此处的"无情"也是尽情、忘情的意思。

四、任情与安情说

在《庄子》书中,情与无情的思想观念,始于内篇,而与外杂篇有着内在的联系。《庄子》内篇论及拘泥于人我对立、是非对立中的人"日以心斗",以此庄子期盼人心灵的超越提升。他讲"无情",要人摆脱好恶之情对平和之心灵的伤害,倡导人超脱于俗情而提升至道情、天情,从而回归到《齐物论》所说的"真宰""真君"的"有情而无形"的人的本根之处,体会天地之大美,培养宇宙之视野与心胸。如此,则个体生命能够通向宇宙生命,个体小我能够通向天地之大我。同时,庄子指出,道情是胸怀博大的宇宙情,要以道情关注现实人生,将道情、天情落实到现实人间。我用"任情"和"安情"来概括庄子的这个观念。

《庄子》外篇自《骈拇》开始,便在肯定现实人生的立场上提出"任其性命之情"(下文简称"任情")的重要命题,接着又在《在宥》篇中连续提出"安其性命之情"(下文简称"安情")的呼声。任情说主要谈性命之情的发挥,安情说主要谈性命之情的安顿。以下分别论述。

(一)任情——个体生命力的激发

庄子以丰富的想象力、翻新出奇的手法,阐发其深邃的文理;以豁达诗意的心境,构成了壮阔幽深的艺术境界。《庄子》一书,开创了中国文学和哲学的抒情传统。自《逍遥游》开篇鲲鹏展翅的寓言,揭开一幕前所未有的抒情传统的序幕,到末篇《天下》篇论述庄子思想的风格,无不体现出"任其性命之情"的文风与精神风貌。

《庄子》整本书对个体生命的自觉、自主性的高扬、创造精神的挥发及其所表达出的芒忽恣纵的思想感情,可以说均是极佳的任情之作。

庄子"任其性命之情"的重要命题出现在《骈拇》篇:

> 吾所谓臧者,非仁义之谓也,臧于其德而已矣;吾所谓臧者,非所谓仁义之谓也,任其性命之情而已矣。

"任其性命之情"在全书中只出现一次,但却为庄书中极其重要的一环。就语境意义来说,《骈拇》比较侧重在儒家的规范伦理之脱离其原始的内涵，而成为束缚人心的枷锁①。但是，我们从内外杂篇的整体来看，"任其性命之情"指向了生命本真面向的显发，可包含多层次的意涵，分别是：（一）冲破世俗的网罗；（二）顺任人性之自然；（三）个体生命力量的激发；（四）追求放达开豁的意境。前面两者学界多有申论，故从略，此处就后两者尤其是个体生命力的激发方面阐发。这里就列举《逍遥游》开篇的鲲鹏展翅、《外物》篇的任公子钓大鱼和《天下》篇论述庄子思想风格的文字来阐发其"任情"的意涵。

1、天人之境与天地视野

《逍遥游》开篇，庄子以浪漫主义的文风描绘鲲鹏的巨大。他借鲲鹏之高举，晓喻世人需培养博大的心胸、开阔的视野以及高远的境界。他阐论逍遥之义，特别突出的即是饱含力量性的字眼，例如鲲之"化而为鸟"，鹏之"怒而飞"、"水击三千里"以及"抟扶摇而上"等。其中的"化"、"怒"、"击"、"抟"等，无论是描摹鲲突破自身形态的力求转化，还是大鹏奋力的展翅、于水面上强力的拍击，或者环绕旋风向上飞翔，无不是力量的展现、情感的奔放。庄子始终是将生命的超越与不息的力量紧密相连的。

---

① 此前庄子在《大宗师》中就曾借意而子和许由的对话批判儒家所标举的是非准则、道德规范和伦理价值伤害人性。受过儒家圣人尧"躬服仁义而明言是非"教诲的意而子想从师于许由。许由认为其所接受的儒家的仁义、是非的教诲为"黥"和"劓"，是框住人与人的交往活动的刑网，羁束了人的心灵自由。《骈拇》进而提出"意仁义其非人情乎"，认为仁义道德应出于人的性情，是发自内心的。但在战国中期之后，仁义等道德规范已成虚文，甚至沦为窃国盗世的工具。此时的仁义礼乐就成如"钩绳规矩"、"胶漆绳索"，束缚人的本真的性情。《骈拇》篇强调儒家仁义礼乐并非出于人性，而恰恰是对人性的拘索和束缚，因此呼唤冲破仁义等社会规范的网罗而"任其性命之情"，顺任人性的自然。

2、积厚之功与经世之志

《外物》篇讲"任公子钓大鱼",也如巨鲲大鹏之所寄寓。任公子"为大钩巨缁,五十犗以为饵,蹲乎会稽,投竿东海",如此宏伟的场面,体现出士人博大的心胸和气魄。"旦旦而钓,期年不得鱼"体现出士人要实现现实的抱负,要有极大的耐心和积厚之功。经年累月的坚持不懈,任公子终于钓得大鱼,大鱼"牵巨钩,錎(陷)没而下,骛扬而奋鬐(鳍),白波若山,海水震荡,声侔鬼神,惮赫千里"。大鱼从水中跃起的情景声势浩大,惊心动魄。任公子以巨钩经年累月钓得大鱼,与守着小河沟的钓鱼人形成大与小的鲜明对比,体现出士人"大达"、"经世"的远大追求。

庄子和尼采均运用极富想象力的寓言来表达自己的思想和感情,二人又都喜欢用动植物来表达自己的哲理。帕克斯(Graham Parks)认为尼采使用动植物在历代哲学家中最多,用了70多种动物[1]。庄子使用的动物则多达148例。庄子笔下的鲲鹏雀鴳,龟蛇蚌鳖,大椿雁鹅,海鸟蜗牛,鱼猴蜩羊,栎树马蹄,朝菌蟪蛄,一草一木,一鱼一鸟,无不栩栩如生。正如汤显祖所说:"奇物是拓人胸臆,起人精神。"[2]庄子运用这般奇思妙想以打破儒者常规的思想观念。司空图《二十四诗品·论豪放》形容鲲鹏展翅一飞冲天的这种壮阔的艺术精神时说:"天风浪浪,海山苍苍。真力弥满,万象在旁。"鲲鹏展翅和任公子钓大鱼均描写出主体心灵的高扬,体现出开阔壮丽的宇宙视野。鲲鹏展翅是精神

---

① 帕克斯(Graham Parks)《人与自然——尼采哲学与道家学说的比较研究》,《道家文化研究》第 2 辑,上海古籍出版社,1992 年版,第 403 页。

② 《续虞初志评语·月支使者传》。

的高扬而达到一种天人之境,任公子钓大鱼则是俯瞰人生的一种超迈高远之志。这样的思想风格在《天下》篇中论述庄周学风时有着淋漓尽致的表现。

3、"独与天地精神往来","以与世俗处"

《天下》对庄周学说的评论(共 228 个字)的确已超过关尹老聃而"独占百家之巅"①。有关庄周的论述,旨在彰显其恣纵放任的艺术风格,阐扬其遨游于天地精神的高远境界。论述的开端便以汪洋恣肆的语言风格描绘庄周从事物不断流转的观点看人生的变化与走向:"死与生与,天地并与,神明往与!"——个体生命流向宇宙生命,以其至大的胸怀与崇高的理想开创一个达观的艺术人生。接着,作者以浪漫主义的文风,表达其适性任情的人格特质就是"时恣纵而不傥"、"独与天地精神往来",从高远处观照世界,将人的心灵之眼上升到无限的时空中。其中意蕴的境界可谓和调切适而上达于天人的最高境界("可谓稠适而上遂矣")。其思想视野虽广阔高远,然而其内心之情却饱满而无止境地流溢着("彼其充实不可以已")。

《天下》篇在评及庄子的人生观时言及:"独与天地精神往来而不敖倪于万物,不谴是非,以与世俗处。""独与天地精神往来"是心灵与天地精神相遨游的艺术人生。"不敖倪于万物,不谴是非,以与世俗处"是以其如此高迈悠远的艺术人生俯瞰其现实人生,欣赏天地之大美,关注群体和谐社会。他表达出艺术境界中隐含着的道德意蕴。他的艺术人生是一种"任性命之情",但"以与世俗处"就是要在关怀群己关系中以"安其性命之情"。"任情"要在

① 陆永品《庄子通释》,经济管理出版社,2004 年版,第 558 页。

激发人的创造动力,"安情"旨在群己关系中如何安身立命。

(二)安情——群己关系的和谐

庄子正视人"与世俗处"的群体性生活,期盼一种既能保有个体生命特质,同时又能兼容多元生命面貌的群己关系。而这种群己关系的面向,正是庄子安情说的关注视野。

"安情"说的提出首见于《在宥》篇,在文中的直接语境是政治问题,庄子站在"安其性命之情"的立场上揭示出不当的"治"所产生的弊害①。权力运用不当所导致的弊害在内篇中已所有阐述。如《逍遥游》最后一句"安所困苦哉"中的"困苦"透露出人间的不幸,人间的不幸首要归因于政治权力的不当使用。如何走出人生的困境,是庄子学说及先秦哲学共同承担的核心论题。道家提出无为而治的理念,亦是由"安其性命之情"的立场而发的。而综观《庄子》全书,其安情说可以从以下几个层面进行阐发:

1、"恢诡谲怪,道通为一"——群己关系的汇通

庄子重视个体生命的价值,却又同时关注群体生命的关连性。《齐物论》和《秋水》篇对此均有精辟的论说。

《齐物论》开篇便以对比反差的手法交相描述开放心灵与封

---

① 《在宥》开篇便宣称:"闻在宥天下,未闻治天下。""在宥"而任百姓宽松自在地生活,而不过度人为地约束管理。通篇指陈历代统治阶层权势运用不当使民失其真性而形成"治"的弊害。首章一而再地提出"安其性命之情"的呼吁:"天下将安其性命之情,之八者,存可也,亡可也。天下将不安其性命之情,之八者,乃始脔卷獊囊而乱天下也。""举天下赏其善者不足,举天下罚其恶者不给,故天下之大不足以赏罚。自三代以下者,匈匈焉终以赏罚为事,彼何暇安其性命之情哉!""故君子不得已而临莅天下,莫若无为。无为也,而后安其性命之情。"《天运》再度指陈历代帝王的"治天下",名为治而乱莫甚焉。外篇"任情"与"安情"的语境意义都是针对"治之乱"、"治之为害"而提出的。

闭心境的两种认知形态的不同。该篇首章藉地籁"众窍为虚"而发出万窍怒号,洋溢出天地人三籁的美妙音响,铺陈出之后的"莫若以明";接着写人世间党派的对立冲突以及各种意识形态的纷争纠结;接着铺陈出"随其成心而师之",展现出人间各"是其所非而非其所是"的景象。在开放心灵的观照下,《齐物论》提出"道枢"与"两行"的认知方法。"两行"意指两端皆可行,即彼、此双方皆能有所观照。"道枢"的关键是在对立差异中寻求共同的焦点①。《齐物论》的主旨如果用一个命题来表述,即是"相尊相蕴"②,而《齐物论》中在论述群己关系时说:"物固有所然,物固有所可。无物不然,无物不可。故为是举莛与楹,厉与西施,恢诡谲怪,道通为一。"这段话正呈现了齐物精神的主题思想,即是说一切物都有它是的地方,一切物都有它所可之处。"然"是指事实的存在性;"可"是指价值的取向性。"物固有所然,物固有所可"即是肯定人、物存在有它的合理性,价值取向有它的可行性。接着,《齐物论》说,举凡小草和大木,丑女和西施,以及种种奇异独特的现象,从道的观点来看,都可相互汇通为一个丰富内涵的整体("道通为一")。庄子以包容万物来齐物之所不齐。这齐物

---

① 方东美先生说:"但是,至少在这个一切的观点及角度里面,我们可以找出一个共同的焦点,再在这焦点上面,把一切思想对立的差异,通通汇集到此一共同焦点,然后从这个共同点再回看各种理论系统,而后发现:各种理论系统都有它存在的价值,都有它的相对理由,也因而可以容纳各种不同系统的见解。庄子从相对性看起来称之为'两行',从共同的真理焦点看起来称之为'道枢'。"(《原始儒家道家哲学》,中华书局,2012年版,第256页)

② 《齐物论》讲:"旁日月,挟宇宙,为其吻合,置其滑涽,以隶相尊。众人役役,圣人愚芚,参万岁而一成纯。万物尽然,而以是相蕴。""以隶相尊"和"以是相蕴"可概括为"相尊相蕴"。

精神便是：一方面肯定个物的殊异性，另一方面又从更高远更宽广的道的视角，打通万有存在的隔阂；又从同一性与共通性的面向，使殊异性的万物相互交汇，而统一成为一个众美汇聚的整体。

庄子在《秋水》篇中再度例举万物特质多样性，正如梁柱可以用来撞开城门，却无法用来堵塞洞穴；千里马日驰千里，若论捕鼠则不如黄鼠狼；猫头鹰夜晚能视毫末，白天却一无所见。进而论证万物特质的多样性、生命样态的丰富性，乃是"天地之理，万物之情"①。而这也正是《齐物论》"恢诡谲怪，道通为一"的意义所在。《齐物论》和《秋水》着重于从认知的角度，力求破除自我中心的局限，而以开放的心灵尊重观点的多元性，同时欣赏万物的多样性。个人以自我为中心，从成心出发，而出现意见、观点和主张的冲突。但如果拥有开放的心灵，认识到各种观点的相对性，不以自己的观点为绝对的真理和权威，而能够尊重他人观点的价值和合理性，就可以从主体的自我为中心臻至于互为主体，即主体之相互含摄。

庄子这种"恢诡憰怪，道通为一"的齐物精神，在《淮南子·齐俗训》中再度被凸显。例如《齐俗训》言"形殊性诡，所以为乐者乃所以为哀，所以为安者乃所以为危也。乃至天地之所覆载、日月之所照誋，使各便其性、安其居、处其宜、为其能"，《齐俗训》又言"百家之言，指奏相反，其合道一也"，展现了涵容多元的宽容态度。从庄子的齐物到秦汉道家所彰显的万物特质的多样性、生命样态

---

① 《秋水》在河伯与北海若第四次对话中再次言及万物特质的多样性与生命样态的丰富性，云："梁丽可以冲城，而不可以窒穴，言殊器也；骐骥骅骝，一日而驰千里，捕鼠不如狸狌，言殊技也；鸱鸺夜撮蚤，察毫末，昼出瞋目而不见丘山，言殊性也。故曰：盖师是而无非，师治而无乱乎？是未明天地之理，万物之情者也。"

的丰富性"其合道一也"。这不齐之齐的精神和当代地球村中不同的族群、不同的生活方式相互尊重共存发展的精神相互呼应。

庄子的齐物精神正是在彼此尊重差异的宽容中，个体生命的独特性得以在群体生活中展现其各自的功能，"是不用而寓诸庸"（《齐物论》）；同时，也正是在高扬个体生命的独特性中，让群体生活中的多元开放性有了实现的基础。这相互关联的群己关系，正是庄子安情说的重要关注之处。

2、"仁义其非人情乎"——德行伦理之人情化

上述庄子以宇宙的视野关注现实社会，重视个体与群体之间的相互尊重、相互包容的和谐关系，以此提出"恢诡憰怪，道通为一"的论述。接着，庄子后学复关注到在现实社会中人伦规范起着调节群己关系的作用，由是在《骈拇》篇中提出仁义人情化的议题："仁义其非人情乎！"这呼声具有划时代的意义。在我们进行论述之前，有几点尤其值得留意：一、"人情"一词在古典哲学著作中，首见于《庄子》（这一点在前文已一再提及）；二、仁义之"人情"化的呼声，始见于《庄子》学派；三、从《庄子》书整体观之，"仁义人情化"已成为显题化的议题之外，还隐含着"礼乐人情化"的未显题化议题①。

---

① 礼乐之合乎"人情"，自先秦稷下黄老道家至《淮南子》出现了一条内在联系的思想脉络。如稷下黄老道家的代表作之一《心术》篇便明确地提出礼是因宜人情而制定的各种仪节。这句著名的话是这样说的："礼者，因人之情，缘义之礼而为之节文也。"（《管子·心术上》）这话到西汉淮南子学派便有着直接的响应，云："故礼因人情而为之节文，而仁发恲以见容。礼不过实，仁不溢恩也，治世之道也。夫三年之丧，是强人所不及也，而以伪辅情也。三月之服，是绝哀而迫切之性也。夫儒、墨不原人情之终始，而务以行相反之制……"

仁义礼乐顺乎人情的心声始于原始儒家,而道家亦然。中外不少学者认为老子是反人文及伦理思想者①。实际上,孔、老在人文议题上都有许多相通之处。就历史根源而言,孔、老皆继承殷周的文化源头,从殷周即重视祖先崇拜,甲骨文中祭祖的频繁出现体现出血缘的凝聚力乃至民族的凝聚力。孔子由亲情出发倡导以仁孝为本的伦理学说;而老子亦强调"与善仁",认为人与人交往要"仁",并视"慈"为三宝之一,而且一再宣扬"有孝慈"、"民复孝慈"。凡此可见,孔子和老子共同体现出人文精神的人伦观是有历史脉络可循的。

近年湖北荆州出土的早期儒家文献《性自命出》说:"道始于情,情生于性。""凡人情为可悦也。""礼作于情,或兴之也,当事因方而制之。"可惜,原始儒家的这种礼义之人情化的主张在汉宋有影响的儒家学者中都没有传承下来。

而在战国中后期,"礼相伪"(《田子方》),而使百姓"离实学伪"(《盗跖》)的现象层出不穷。所以,庄子后学才会生动地创构出"儒以诗礼发冢"的寓言,以儒生既吟诵诗礼又掘墓盗珠的极其荒诞的行为辛辣地讽刺了这一社会普遍现象(《外物》)。此时,原始儒家所倡导的伦理规范已经失去了本真性情的依据,异化成虚文,而成为束缚人心的外在教条,甚至沦为窃国盗世者的工具。庄子学派所批判的仁义礼乐正是这异化的教条。

《庄子》外篇之首《骈拇》是一篇专论人性的作品,在"任其性命之情"的主题下指出权势阶层和思想界将原本合于人性自然

---

① 学者们认为老子反人文及伦理的误解起源于排佛老的宋明道统学者,这一误解一直延续到现在,影响扩散到西方学界。

的人伦之道过度地意识形态化，"屈折礼乐，呴俞仁义"，使仁义礼乐成为"胶漆墨索"，束缚人性之常然，而沦为"削性侵德"之利器，导致"天下莫不以物易其性"，"以仁义易其性"。因而，庄子学派沉痛地发出"意仁义其非人情乎"的呼喊，认为真正的仁义道德应出于人的性情，是发自内心的真情实感。"仁义其非人情"是战国中后期的一个重大的时代课题。

而且，儒家伦理的异化而导致的"残生损性"的景象在历史上不断出现，魏晋时期所凸显出来的自然与名教的冲突，宋明时期"存天理而灭人欲"的主张激起戴震发出"以理杀人"的批评和"顺民之情，遂民之欲"的呼声，表明仁义人情化与异化的对立实际也是历代的大课题。

而在庄子看来，仁义应该是人的内心情感的自然流露。所以，庄子说："端正而不知之为礼，相爱而不知之为仁。"（《天地》）同时，庄子发展了孔子"仁者，爱人"（论语·里仁》）的思想，提出了"爱人利物之谓仁"，进一步将仁的内涵由"爱人"扩大到"利物"。

真正发自于人的性情的仁义礼乐，不但不会给人带来任何的束缚和限制，而且能够达到自得自在、安适之至的生命境界，如《大宗师》讲到"忘仁义"、"忘礼乐"。"忘仁义"意谓实行仁义达于自得自在、安适之至的境界；"忘礼乐"意谓行礼乐达于自得自在、安适之至的境界。庄子以适然忘境来赋予仁义礼乐以深刻的生命境界的内涵亦于外杂篇有所表现。例如，《天运》篇中商太宰问仁于庄子，庄子回答"至仁无亲"；问及"孝"，庄子回答："以敬孝易，以爱孝难；以爱孝易，而忘亲难；忘亲易，使亲忘我难；使亲忘我易，兼忘天下难；兼忘天下易，使天下兼忘我难。""孝"是儒家伦理的基础,庄子借用孔子的论题进一步提升它的意境。他对孝的解释,突出了一个"忘"字。作为庄子特殊用语的"忘",是安适而不执滞的心境之写照。他的孝要自己安适,父母安适,天下人安适。相对于从尊敬、亲爱等角度来理解孝的意涵,庄子更肯定从安适、自得、无牵挂的亲情互动来体现仁和孝的精神。很显然,庄子是在道的高度为仁义礼乐孝等儒家习谈的人伦规范设立一个更深厚的义理背景。《庚桑楚》讲:"至礼有不人,至义不物,至知不谋,至仁无亲,至信辟金。""至礼"、"至义"、"至知"、"至仁"、"至信"是对礼、知、仁、信等人伦规范向道的高度予以提升。

由上可见,庄子并不是完全否定世俗的伦理规范,而是否定异化后的、不符合人的情性的伦理教条。庄子在社会现实的一面重视"与世俗处",重视人与人之间安适、和谐关系的建立,肯定出自人的情性的、使人与人之间自然和谐的仁义礼乐等伦理规范。这"与世俗处"的一面与孔、老相通。而在"与天地精神往来"的一面,庄子实际上将老子和孔子的仁义礼乐观朝生命境界面向加以转化与提升了。

3、濠上观鱼之乐——审美心境观照下的物我之情汇通

我们再进一步将"安情"视野由群体关系转向个体生命。在个体生命如何安身立命的问题上,庄子着意于如何从现实人生转化为艺术人生[①]。

---

① "艺术人生"的提法较早见于朱光潜的《文艺心理学》及其《谈美》的作品中,后者其中一小节即以"人生的艺术化"为标题。其后,钱穆在《中国思想史》中提到孔孟杨墨所讲是一种道德人生,庄子所追求的是一种艺术人生(香港新亚书院,1961年版,第30页)。而对艺术人生论述得最为精辟的是徐复观的《中国艺术精神》,如言:"道是美,天地是美,德也是美;则由道、由天地而来的人性,当然也是美。由此,体道的人生,也应即是艺术化的人生。"(台北学生书局,1966年版,第59页)

　　在现实人生中,庄子提出"守宗"、"立根"以修养情性①,通过"养神"来培养审美心境,进而开创艺术人生。

　　庄子的艺术人生,以个体生命情趣之舒展及创发为基点,着眼于群己关系。然而其思想视野与精神领域不仅仅局限于人类社会,更要在广阔的大自然中来安善人的"性命之情"。如《庄子》开篇《逍遥游》主题是游于无穷,一如《则阳》所说"游心于无穷";《齐物论》则以"旁日月,挟宇宙"的恢宏气势,体现出庄学"万物与我为一"的宽敞心胸及高远情怀。在先秦诸子"此务为治"的大方向上,庄子再将现实人生转化为艺术人生,其理性思辨的深邃与感性思维的宽广,在诸子之中的确是最为独特的。要之,庄子的艺术人生以"天地有大美"为其存在背景,而大美之天

---

① "守宗"出于《德充符》。该篇开篇运用对比反差手法描写寓言人物王骀的身体残缺与内在精神之完美。关于"守宗"的话题是这么说起的:死亡和生存是人生的大事,面对死生的大关,王骀却能保持心灵独立不倚,安于无所依附而不跟随外物变迁("审乎无假而不与物迁"),且能主宰事物的变化而持守生命的主轴("命物之化而守其宗也")。在生命过程中,人总会遭遇到种种的变故和价值的纠结(比如死生存亡、穷达富贵、贤愚毁誉、饥渴寒暑),这都是事物的变化,运命的流行。最重要的还在于掌握生命的主轴、把握事物的根源("守宗"),不能让它们扰乱自己平和的心境。人的生命过程犹如长途跋涉,积厚方能致远,这就是"立根"的功夫。《逍遥游》中的鲲鹏寓言由鲲之潜藏而至鹏之高飞,复喻示着人的心灵由沉积而高举。人生高远的境界,并非一蹴而就,需要拾阶而上,层层攀登。远大的事业,正需要毅力和耐心一点一滴地累积出来的。庄子笔下鲲化鹏飞的过程中,首要强调积厚之功,后文说:"夫水之积也不厚,则其负大舟也无力……风之积也不厚,则其负大翼也无力。"行文中,"化"、"怒"("努")、"海运"、"积厚"等关键语词,无不蕴涵着鲲化鹏飞需要具备主客观条件:海水深厚,才能畜养巨鲲;海风强劲,才能运送大鹏。这是所需的客观条件。鲲的潜藏海底,深畜厚养,乃能"化而为鹏",鲲的变化("化")需要经年累月的养育之功,乃能由量变到质变。——"积厚"的功夫是完成生命气质变化的充分而必要的主观条件。

地乃以道之"至美至乐"为其本源及根据①。

庄子将现实人生点化为艺术人生。他运用丰富的想象力,将至美至乐的艺术精神及性命之情安放在大自然的优美情境中。以往士人都是在庙堂之上或学宫之内坐而论道,而庄子则将其表达人生哲理的场所转移到山林之间、溪涧之旁。

《秋水》篇末,庄子与濠上观鱼论辩的场景,这在古籍中是罕见的。这众所周知的故事,是如此记载的:

> 庄子与惠子游于濠梁之上。庄子曰:"儵鱼出游从容,是鱼之乐也。"惠子曰:"子非鱼,安知鱼之乐?"庄子曰:"子非我,安知我不知鱼之乐?"惠子曰"我非子,固不知子矣;子固非鱼也,子之不知鱼之乐,全矣!"庄子曰:"请循其本。子曰'汝安知鱼乐'云者,既已知吾知之而问我。我知之濠上也。"

庄周濠上观鱼之乐的故事,正是他那审美化的宇宙观与人生观的流露。老庄的自然哲学给人们打开了一个巨大的时空意识。庄子哲学持一种有机的自然观,认为人与人以及人与物之间,并非各自独立隔绝的,而有着许多共同之点与相互感通之处。人接触外界景物,景物的形态引发人的情思。人们常因景物的触发而产生独特的感受,并将自己的感受及情趣转移到景物之上,所谓"触景生情"。濠上观鱼之乐揭示了情景交会时,审美主体在美感经验中透过移情作用,将外物人性化,将宇宙人情化,以安善人

---

① 《庄子·知北游》:"天地有大美而不言。"《庄子·田子方》:"夫得是至美至乐也。"

的"性命之情"。

惠庄观鱼之乐这则著名的故事，不少当代学者有着精辟的解说①。我个人也在不同时期提出过不同的论点，现在针对与庄子情论有关的议题，依着故事情节的顺序，将对话中的关键语词作如下几点诠释：

（1）庄子与惠子"游于濠梁之上"——审美主体与审美客体之情景交会。

这个故事的开端打开了这样一个特殊的场景：庄子与其挚友惠子游于山水之美的濠梁之上。在这里，"游"是主体的审美活动，"濠梁"是审美的客体，主体"游"于客体，便产生了情景交会。

我们可以这么说，《庄子》哲学的最大特点莫过于阐扬"游"与"游心"②。在濠上的山水美景中，安然适意的庄周，由审美主体和审美客体的交接，而导致主体之情与客体之景的交会融合，进而表现出对山水的欢愉之情，就如《外物》所说，"大林丘山之善于人也，亦神者不胜"。而大林丘山之所以能引人入胜，使人心情舒畅，并非仅仅由于山水之美，亦由于主体的审美情思能与之相映，从其外在形态的美中激发出其内在意蕴的美。这也就是宗炳《画山水序》中所说的"山水以形媚道"，"山水质有而趣灵"。

---

① 如朱光潜的《子非鱼安知鱼之乐》，收于其书《谈美》（台湾开明书店，1979 年版）；张岱年的《庄惠濠梁之辩》，收于《张岱年全集》第八卷（河北人民出版社，1996 年版）。

② "游"字在《庄子》书高达 88 见，是诸子之冠，而其意涵尤属独特。以老庄为代表的道家，开创了许多独创性的语词与思想观念，但《老子》全书"游"字未见一次。《论语》虽出现"游于艺"之语，但徐复观先生《中国艺术精神》特意指出，《论语》的"艺"字"主要指的是"生活实用中的某些技巧能力"，而《庄子》中的"游"则多喻指审美的心理活动。《庄子》中的"游"概念，在先秦诸子中具有特殊的意涵。

濠梁之上的情景交融,引发了人的想象力与情思。庄周置身于如此清悠的林路溪水之间,物我交接,自然景物让人倍感亲和,审美主体与审美客体产生了精神上的交流与契合,故而庄子有感而发地说鱼是快乐的。这就是魏晋人所说的"濠濮间想"①。

(2)"儵鱼出游从容,是鱼之乐也"——"两类相召"而产生移情作用。

庄子由于小白鱼"出游从容"的姿态而欣然地说"是鱼乐也",这使我们想起《田子方》篇所谓"两类相召"——物与物相互招引。人与物之间、物与物之间是"一气相同通"的②,主体之情与山水之景的交流不是单边的,而是相互作用的。这就是古人所谓"情以物迁"(《文心雕龙·物色》)。在情景交融中,主体的"情"起着相当重要的作用③。

在心物交融的活动中,一方面,遨游于濠上美景的庄子,游目骋怀,油然产生无可言喻的愉悦之情。——这即是外在景物对审美主体的心境所产生的安情作用,体现出山水有情的一面。另一方面,外界景物呈现出的特有神态("出游从容")引发了观赏者的情思,使他将自己的感情附着于外物。——这即是审美主体的移情作用。庄子说"是鱼乐也",即是将自身的愉悦之情投射于小白鱼之上。这就是《文心雕龙》所说的"神与物游"。

---

① 《世说新语·言语》第61条:"简文入华林园,顾谓左右曰:会心处不必在远,翳然林水,便自有濠濮间想也。不觉鸟兽禽鱼,自来亲人。"

② 《大宗师》讲:"游乎天地之一气。"《至乐》讲:"通天下一气。"

③ 正如朱良志先生所说:"情感是神思的推动力……在心物交融活动中,情感起到至关重要的作用。在想象活动中,由于有感情的加入,'登山则情满于山,观海则意溢于海'。"(《中国美学名著导读》,北京大学出版社,2004年版,第91页)

(3)"子非鱼,安知鱼之乐"——理性分析与感性同通的区别。

同样是遨游于自由自适的环境中,庄子感受到"鱼之乐",惠子却提出"子非鱼,安知鱼之乐"的问题。惠子对庄子的质疑彰显了理和情的对显。庄子具有艺术家的心境,对于外界的认识,常带着观赏的态度。他往往在感受到外物情态的同时,将主体的情意投射到外物上,产生移情同感或融合交感的作用。惠子则带有逻辑家的性格,强调概念的清晰性与判断的有效性。庄子和惠子的辩论,一个是在观赏事物的美、悦、情,一个是在进行理性的认知活动,各人站在不同的立场与境界上,故而一个有所断言,一个有所怀疑。

尽管如此,惠庄依然有其共通处,二者都有万物一体的宇宙观,惠子曾说:"泛爱万物,天地一体也。"可见,二人都认同天地万物一体的观点。更重要的是,虽然惠庄二人思维有着感性同通和理性分析之别,然而综观庄子全书,庄子并没有将二者割裂,而是肯定了理和情的联系。《庄子》书将理和情关联起来讨论达到六七次之多。如《则阳》篇中说:"孰正于其情,孰偏于其理。"《秋水》篇说:"盖师是而无非,师治而无乱乎?是未明天地之理,万物之情者也。"

(4)"请循其本"——情性一如而物类相通。

关于"请循其本",注释者一般都根据成玄英所说的"寻其源",解为探寻话题的源头。不过,从庄子本文来看,它的意思更倾向于是指天地万物都源于道、本于气,"本"也就意味着道气相通、情性一如。

物我之情相通的理论根据即《庄子》所言"通天下一气耳"（《知北游》），天地万物都是由气构成的有机整体，气是构成万物的共同元素，也是物物之间能相感相通的中介。到汉代，王充提出"同类通气，性相感动"（《论衡·偶会》），指出一切有形的天地万物皆由"元气"构成，是物与物之间存在着的相互作用的普遍现象。汉代的"元气"实即庄子的"一气"，在庄子气化宇宙观的基础上，殊别的万物有共同的根源，因而在情感上也能够相互交流感通。

（5）"我知之濠上"——物我情意相通。

欣赏濠上山水之美的"知"，是属于感性同通之知，也是一种直观之知。张岱年先生曾说："庄子肯定'鱼之乐'，可以说是以模拟为根据的直觉。"张先生还提到，"人与其他生物共处于一个世界中，保护生物的生态环境，也就是保护人类的生态环境"①。天地万物本是一个有机整体，人是万物之一，物我同源，同类相召，情意相通。然而，现代人陷溺在人类自我中心的意识形态中，任意毁坏万物，导致全球性的生态危机。要真正解决生态环境的问题，人类需要从动辄砍伐森林、杀戮生物的恶习中，返回到物我融通的性命之情上。人们只有被激发出对山河大地的审美意识，懂得欣赏万物之美，感物而后动，才能真正建立保护生态的意识，进而上升到"天地与我并生，万物与我为一"的齐物境界。

科技发达虽然给现代人带来了便利快捷的物欲生活，但人与人之间却产生了严重的疏离感。相较于此，庄子透过观赏濠上的

---

① 张岱年《庄惠濠梁之辩》，收于《张岱年全集》第八卷，第399页。

自然美景，将自身的性命之情安放于大自然中，因着情与景的交流而产生物与我的情意相通。这份人与天地之间的亲和感，正适合充满孤立感的现代人重新细细品味。

　　濠上观鱼的故事隐含着许多重要的意涵。从文化发展史上看，它成为后代文学物感说、神与物游说、畅神说的重要素材。庄子以气说为基础的同类相召之论，正是钟嵘"气之动物，物之感人，故摇荡性情，形诸歌咏"之物感说的源头①；将观赏濠上美景所得的安适心境推及鱼儿从容之乐的这种主体之情与客体之景的交相汇流，可谓是刘勰"神与物游"（《文心雕龙·神思》）的思想渊源；将自身的性命之情安置于天地的大美之中，观鱼出游而生欢愉之感，正是宗炳"澄怀味象"以达"畅神"（《画山水序》）的写照。就这则故事的现代意义来说，濠上观鱼的审美情怀，一方面教我们懂得欣赏万物之美，进而产生保护生态的意识；另一方面教我们亲近大自然，透过安放性命之情于天地大美中，将我们从人与人、人与物间的疏离感、孤立感中解放出来。

　　总结地说，在这一则濠上观鱼的故事里，庄子已由理性认知的领域转入感性同通的境地，打开了一个抒情的时代。

（本文原刊于《哲学研究》2014年第4期。）

---

① 关于哲学上的气说与文学上的物感说之间的关系，罗宗强说："文学上的物感说不同于哲学上的气说。气说只是说明，万物一气，故能相通相感。气说是物感说的哲学基础，而物感说则是从气之相通进而为情之交流。"（《魏晋南北朝文学思想史》，中华书局，2006年版，第80页）

《庄子》抒情传统在后代的回响

我曾分别于《哲学研究》2009 年第 2—3 期、2010 年第 12 期以及 2014 年第 4 期发表《〈庄子〉内篇的心学——开放的心灵与审美的心境》、《庄子论人性的真与美》、《庄子论情：无情、任情与安情》三篇关涉"庄子人性论"的文章。本文旨在延伸此前情性论的脉络视角申述《庄子》文本中有关"情"的议题及后世对此议题的赓续。

一、《庄子》开启后代论"情"的序幕

纵览先秦传世文献，人性论范畴中的"情"议题首见于《庄子》，情性论意义上的"人情"概念亦始出自《庄子》。《庄子》论"情"，全书多达 60 次，内篇凡 19 处。概言之，"情"字本身兼具"真"、"实"和"感情"的双重意涵。而内七篇言"情"条理明晰、脉络贯通，与外杂篇一道形成完整的思想回路，于生命智慧中隐喻着伦理关照，于艺术境界中含藏着道德意蕴，开启了中国人性

论史上绵延、波澜的抒情传统。

遍观先秦自然人性论,"人情"概念在《逍遥游》和《骈拇》两篇中的出现①,构筑起内、外篇于情性论向度的纽带,并标识着《庄子》论"情"以"人情"为起点。内篇论"情"可划归为"人情"、"天情"、"道情"三个主要概念,三者之间又显现出逐层攀升的趋向②。由人及天,由天及道,其间亦不乏着眼于天人视角的整体性思维。"人情"在描绘"神人"时,意指生命的本真状态;"天情"在讲论"死生"时,隐喻自然之实情;而"道情"在形上建构中,意指宇宙之深情。于《庄子》而言,生命(性命)渊源于天而禀赋于道,道具有"刻雕众形"的"生生"功能③,所谓"道与之貌,天与之形",人情亦是本于天情而溯源于道情的。由此,人情实然并应然地指向天情乃至道情的意境,个体生命的情调只有与天地广博的情怀、宇宙深沉的情愫相贯通,才能返归其本真的状态。正因如此,《德充符》中的"无情"一说,恰是对"情"的超脱与提升的写照,其所需涤荡之"情"实乃负累之情,是封闭心灵和狭隘心境囿于人的视域,毁伤内在本性的好恶情欲,而非开放心灵和审美心境、复归内在本性的真情实感。

自内篇迄至外篇,"情"的升华转向"情"的落实,其间贯穿的

---

① "人情"见于《逍遥游》的"大有径庭,不近人情焉"及《骈拇》的"仁义其非人情乎"。

② "天情"引自《养生主》"是遁天倍情,忘其所受,古者谓之遁天之刑";"道情"见于《大宗师》的"夫道,有情有信,无为无形"。

③ "生生"语词见于《庄子·大宗师》"生生者不生"及《列子·天瑞》"不生者能生生,不化者能化化"。

"人情"概念亦多以"性命之情"或"性情"连言的形式表征①。内篇"真"与"实"意义上的"情"灌注到人间便成为人的"感情"。由此,外篇论"情",侧重于道情(或天情)于现实人性中的灌注,迸发出"任其性命之情"和"安其性命之情"的呼声。《庄子》文本中,这一向上提升与向下灌注并举的态势,正是方师东美先生意谓的"上下双回向"。"道"所通达的玄眇之境,不仅以"无"或"反"为究极始基,而且更注目于存有界的保有,二者乃是一体两面的关系。具体到"情"的议题,这一"双回向"的态势之于《庄子》的意义在于,隐含着"性情一体"的人性论内涵并提点出人伦合乎情性的道德意蕴,所谓"性情不离"、"反其性情"、"反汝情性"、"仁义其非人情乎"等。由此,人群之间的伦常规范是本乎人情而合乎人性的,真情的流露即是本性的回归,"性命之情"即指生命的本真状态。因而,个体生命驰骋于天地间,既需"任其性命之情"般顺任本性、激发潜能、放达意境,又需"安其性命之情"般秉持伦常、相尊相蕴、汇通物我。自此而言,《庄子》并非反对伦理道德,其"任情"、"安情"的呼喊更具划时代的意涵,揭开了后世畅叙"情"意的历史序幕。

二、魏晋之际显题化的重"情"思潮

经由《庄子》对"人情"概念的首倡,《荀子》中也多次提到"人情",如"人情之所同欲也"、"人情之所必不免也"等等,将

---

① "性命之情"见于《骈拇》的"彼正正者,不失其性命之情";"性情"见于《马蹄》的"道德不废,安取仁义! 性情不离,安用礼乐"。

"人情"作为人类同通共有且不可逃离的普遍情感。但《性恶》一篇在讲论"人情"的价值属性时,却依托尧舜之言曰:"人情甚不美,又何问焉! ……人之情乎! 人之情乎! 甚不美,又何问焉! 唯贤者为不然。"显然,《荀子》的这段论述将圣贤与凡愚之情判若云泥,以人情之不美照应人性之恶,意在解构《孟子》以社会意识附着人之本性的"性善论"框架,促成中国人性论史上延续千年的人性善恶之争。事实上,这不仅与孔子自然人性论中由"情"说"仁"的意旨迥异①,更与庄子情性论对"人情"的正面架构殊途,从而引领着后世儒者贬抑人情的历史先声。

西汉董仲舒以降,以阴阳、善恶观念比附性情关系,以"性"为阳、善,以"情"为阴、恶,褒扬"性"而贬抑"情"的二元割裂格局,禁锢着汉儒的人性论架构②。相形之下,《吕氏春秋》和《淮南子》作为秦汉黄老道家的代表,正是继承先秦稷下黄老之学,尤其是《管子·心术上》"礼者,因人之情,缘物之理,而为之节文者也"的观点,不但未曾以"性"贬抑"情",而且也没有因人伦而压制情性。就情性关系乃至情礼关系而言,他们首先给予"人情"概念足够的凸显和正面的阐释,其次重返《庄子》中伦理与情性的问题视域,倡导缘"情"制"礼"的秩序模式,视人情为伦理架构的重要尺度,即所谓"反诸人情"(《吕氏春秋·诬徒》)、"礼因人情而为之节文"(《淮南子·齐俗训》)等。因此,道家传统自先秦

① 关于孔子由"情"说"仁"的自然人性论面向,参看冯达文《中国古典哲学略述》,广东人民出版社,2009年版,第26页。
② 如董仲舒在《春秋繁露·深察名号》中有论断云:"天有阴阳禁,身有情欲,与天道一也。……天之禁阴如此,安得不损其欲而辍其情以应天。"

过渡至两汉,其间的人性理论无不借由回应庄学而重述"人情"议题的道德意蕴。

魏晋之际,以王弼、嵇康为代表的玄学家,祖述老庄,精论"情"旨,将"情"的议题由哲学上的未显题化扩展至显题化,造就了中国人性论史上"一往情深"①的时代②。

(一)王弼"圣人有情"论

围绕"情"的议题,汇通三玄的王弼与何晏关于"圣人有情、无情"的争论,承接着《德充符》中的惠庄之辩,唤醒了魏晋之际的"情"意自觉。何晏认为圣人"无喜怒哀乐"之情,而王弼却主张圣人"茂于人者神明也,同于人者五情也"③。二者的表述虽迥然有别,但就《庄子》"双回向"的论"情"脉络而言,何晏与王弼的差异也并非绝对。何晏侧重于自"人情"而及"道情"的境界提升

---

① "一往情深"一语,出自《世说新语·任诞》,云:"桓子野每闻清歌,辄唤'奈何'。谢公闻之曰:'子野可谓一往有深情。'"可见,"情"的议题已然浸润于魏晋名士的群体性格中,并同时勾勒着整个时代的气象。

② 关于庄子对魏晋时代的影响,闻一多曾有一段生动的描述:"一到魏晋之间,庄子的声势突然浩大起来……庄子忽然占据了那全时代的身心,他们的生活、思想、文艺。——整个文明的核心是庄子。……从此以后,中国人的文化上永远留着庄子的烙印。"(参看闻一多《闻一多全集》第2卷,三联书店,1982年版,第279—280页)宗白华谈到:"晋人向外发现了自然,向内发现了自己的深情……晋人的美感和艺术观,就大体而言,是以老庄哲学的宇宙观为基础。"(宗白华《美学散步》,上海人民出版社,1983年版,第183、187页)张法明确地指出:"庄子不是在先秦而是在魏晋才成为中国文化的重要形象……庄子在无情中蕴含着宇宙的大情,正契合于玄学在超世的姿态中内含入世之心。"(张法《中国美学史》,四川出版集团、四川人民出版社,2008年版,第80页)

③ "何晏以为圣人无喜怒哀乐,其论甚精,钟会等述之,弼与不同,以为圣人茂于人者神明也,同于人者五情。神明茂,故能体冲和以通无;五情同,故不能无哀乐以应物。然则圣人之情,应物而无累于物者也。今以其无累,便谓不复应物,失之多矣。"(《三国志·魏志·钟会传》注引何邵《王弼传》)

面向,而主"无情";王弼侧重于由"道情"而至"人情"的功夫灌注面向,而主"有情"。王弼的"有情"论是在厘清物累之情与体"无"之情的基础上,将体"无"之情作为圣人的自然属性,并且着意于探寻现实人生中"任情"、"安情"的"应物"之道,为"情"议题的后世回响提供契机。

　　所谓的物累之情与体"无"之情实际上又与王弼"性其情"命题中的"情之邪"、"情之正"相对应①。情感的发显受欲望的牵绊而丧失其本真的状态,即为"情之邪";内心恬静而行止有度,虽然有欲,却能不逐欲而迁,欲望的存在也不障碍本性与真情的流露,则是"情之正",也可称为"以情近性"或"性其情"。此外,"情"议题之于王弼的显题化特征还在于,他进一步厘清"近性"与"即性"的分野,指出"近性"之情并不就是"性",而仍是"情"本身。所"正"者为"情"而无需将其扭转为"性","即性"之情反而不得其"正"。关于"性其情"这一命题,现代学者中有两个比较突出的论点:其一是自体用动静的视角,指出性、情二者并非对立关系,而是性静情动,性为情之体、情为性之用的体用关系;其二为从儒道同异的角度,将"性其情"划分为"以情为性"和"以性制情"或者"性情"和"情性"两个面向,并认为前者保存了道家的

―――――――――

① 《论语释疑·阳货》:"不性其情,焉能久行其正? 此是情之正也,若心如流荡失真,此是情之邪也。若以情近性,故云性其情。情近性者,何妨是有欲。若逐欲迁,故云远也;若欲而不迁,故曰近。但近性者正,而即性非正;虽即性非正,而能使之正。"《周易注·乾卦》:"不为乾元,何能通物之始? 不性其情,何能久行其正? 是故始而宗者,必乾元也;利而正者,必性情也。"

自然天真,而后者却是儒家的礼乐教化①。可以说,面对汉儒割裂情性、禁锢人性的二元框架,王弼一方面通过阐释圣人体"无"之情,申论"情"的人性论意义;另一方面以其"崇本息末"的贵无体系推究"性"、"情"的形上架构,进而以"性"为本,以"情"为末。

总体看来,王弼论"情"终究延续着老学的特质,其话语体系中的"性"相当于《老子》中"德"的范畴,其体用、本末的逻辑系统更是对《老子》"有"、"无"两大范畴的诠释②。

就《庄子》熏陶下的"情"意激荡而言,王弼不及之后的阮籍、嵇康。但是,无论如何,通过王弼"圣人有情"论和"性其情"命题的渲染,魏晋名士纷纷围绕"情"的议题映射时局,抒怀胸臆。比如,阮籍的"莫识其真,弗达其情,虽异而高之,与向之非怪者,蔑如也"(《大人先生传》),倡导"达情"的面向;嵇康的"矜尚不存乎心,故能越名教而任自然;情不系于所欲,故能审贵贱而通物情"(《释私论》),凸显"任情"的关照;张湛的"故当生之所乐者,厚味、美服、好色、音声而已耳。而复不能肆性情之所安,耳目之所娱"(《列子注》),标示"肆情"的主张③;而郭象的"达生之情者,不务生之所无以为;达命之情者,不务命之所无奈何也,全其

---

① 参看林丽真《魏晋人论"情"的几种面向》,《语文、情性、义理——中国文学的多层面探讨国际学术会议论文集》,1996 年 7 月,第 635 页。蒋丽梅《王弼〈老子注〉研究》,中国社会科学出版社,2012 年版,第 154 页。

② 参看《张岱年全集》第二卷,河北人民出版社,1996 年版,第 222 页。

③ 许抗生曾对张湛的"肆情论"思想阐述详尽,他指出:"张湛的'肆情论'是为了'去自拘束者之累'(《杨朱注》),解去名教的桎梏和生死利害的纠缠,按照人的真实本性生活的。这与嵇康的'越名教而任自然'是前后呼应的。"(许抗生《魏晋玄学史》,陕西师范大学出版社,1989 年版,第 447 页)

自然而已"(《庄子注》),阐发"适情"的境界①。

(二)嵇康的"任情"与"安情"

与王弼注重体系建构的老学路径不同,嵇康更多地承继感情超脱、审美自觉的庄学。同样,与王弼倾向于"情"自本及末、从上至下的灌注不同,嵇康侧重于"情"由下而上的提升。如果说,前者属于"安情派",那么,后者则一方面属于"任情派",如"越名教而任自然"的议题,另一方面又于"任情"之中夹杂有"安情"的脉络,如《声无哀乐论》一篇。

事实上,嵇康与王弼的不同,有其深刻的现实根源。他对"情"的凸显,既影射着正始至嘉平年间的残酷现实——"属魏、晋之际,天下多故,名士少有全者"(《晋书·阮籍传》),又含藏着竹林名士的理想愿景。面对高平陵事变后统治集团的更迭与波动,满怀抱负的名士群体有着各自不同的愤懑与忧郁,但谈论"三玄"却能触及他们共同的价值取向。嵇康由老学转向庄学,于"任情"中流露出"安情",正是借庄子的"情"意赋予苦闷心灵以超脱的情怀,从而开创出文人传统的实际的走向。

嵇康"任情"的特质以倡导"越名教而任自然"最为鲜明②。《释私论》一篇中,嵇康以"自然"论"情"。所谓"任自然"实指"任心","任心"的归属在于不受外部伦常框架的制约而遵循内

---

① 参看何善蒙《魏晋情论》,光明日报出版社,2007 年版。
② 《释私论》:"夫称君子者,心无措乎是非,而行不违乎道者也。何以言之? 夫气静神虚者,心不存于矜尚;体亮心达者,情不系于所欲。矜尚不存乎心,故能越名教而任自然;情不系于所欲,故能审贵贱而通物情。物情顺通,故大道无违;越名任心,故是非无措也。"

在道德本性的条理,进而达至顺通物情、不违大道的君子风范。由此,"任心"即是顺任内在情性,而内在情性即为"自然","心"与"情"于此处互文。"情"的议题经由"心"的内向化特质而与"自然"相勾连。此外,以"自然"论"情",赋予伦常秩序以人情的内向诉求,阐发顺任自然本性的道德原则,与《庄子》"仁义其非人情乎"的人伦关照契合。而"任自然"、"任心"所表露出的对精神生命绝对自由的追求,更与嵇康本人"性烈才俊"(《晋书·嵇康传》)、"旷迈不群"(《魏志·王粲传》注)的气象风貌相类,也是其遵奉老庄思想的人格显现——将《庄子》的"任情"传统中顺任本性、激发潜能、放达意境的精神向度彰显得淋漓尽致。

《声无哀乐论》一篇中,嵇康将"情"的议题纳入与"乐"的关联中讨论,以"平和"之"情"诠释音乐的本质,即所谓"声音以平和为体,而感物无常"。由此,能够感怀"无象之和声"的性命之情自然与世俗的哀乐情欲殊异,从而指向表露内在本性的"道情",正如"然和声之感人心,亦犹酒醴之发人情也,酒以甘苦为主,而醉者以喜怒为用"。嵇康借"乐"对"情"的论述,从天地之和追寻到人心之和,从他侧重于个体生命通向宇宙生命的内在超越而言①,延续着庄学的特质,与《庄子》追寻"天地有大美而不言"的艺术境界相吻合,与"安情"传统期盼和谐汇通的精神意旨相衔接。可以说,《声无哀乐论》对音乐和情感关系的提示,一方

---

① 《声无哀乐论》:"和心足于内,和气见于外。故歌以叙志,舞以宣情;然后文以采章,照之以风雅,播之以八音,感之以太和。导其神气,养而就之;迎其情性,致而明之;使心与理相顺,气与声相应。"

面将音乐从政教传统的附庸中释放出来,使其求索艺术的纯粹本质;另一方面也将个体生命从社会政治的束缚中解脱,使其追寻人性的内在本性。

此外,嵇康在《忧愤诗》中"抗心希古,任其所尚。托好老庄,贱物贵身。志在守朴,养素全真"的个性表露,以及《与山巨源绝交书》中的"七不堪"、"二不可",乃至《赠兄秀才入军诗》所云"目送归鸿,手挥五弦。俯仰自得,游心太玄"的形态描摹,都可视为文艺创作领域中"任情"主题的拓展。正因如此,是嵇康进一步将"情"的议题由哲学上的显题化延伸至文学、艺术、美学等多个领域,推动了魏晋士大夫阶层的文化演进和风尚转变,并进而影响后世对"情"议题之多面性的关注①。

(三)《文心雕龙·情采》"文质附乎性情"观

魏晋之际,"情"的议题作为时代的主旋律,浸润于诸多领域,极具内在的生命力与潜在的创发力。文艺创作领域,"情采"、"气质"及"神韵"等主题更被倾注广泛的瞩目乃至深切的体察,"情"的议题进而由概念哲学中的微弱音声,扭转为抒情文学中的嘹亮赞颂,并与《庄子》"任其性命之情"的思想一脉相承。

---

① 张法所言"《声无哀乐论》的出现,是艺术理论的独立宣言",是对嵇康精神的精辟概括(张法《中国美学史》,第90页)。关于嵇康对"情"议题的延伸,萧驰亦指出:"嵇康将玄学本末有的论辩引向生存论哲学和艺术哲学所作的开拓。王弼的'圣人体无'阐发的仍是内圣外王的政治哲学,而嵇康的'泊然无感'、'和声无象'则全然是关乎个体超越'情志之大域'的精神自由和审美境界。"(萧驰:《嵇康与庄学超越境界在抒情传统中之开启》,《汉学研究》第25卷第1期,第118页)

这其中，曹丕在《典论·论文》中关注"文以气为主"的情性激荡①，陆机在《文赋》中讲求"诗缘情"、"赋体物"的与物感通②。由此，自建安文学倡导下的魏晋文坛，彰显出"以情纬文，为文被质"的风尚。其间，创造的冲动自内在不停地涌现，诚如《庄子·天下》所谓"彼其充实不可以已"。而至刘勰《文心雕龙》之时，这一重"情"风尚才臻至成熟。

反观人的思想生命，若能实现情、理兼顾，情、理汇通则为最上，但概念哲学常常滞于理而欠缺情的滋润，诚如尼采所言："千年来，西方哲学家所从事的思想工作都变成一种概念的木乃伊（Conceptual Mummies）。"（《偶像的黄昏》）因而，尼采谈论希腊艺术精神时，便将酒神精神与日神精神并举。其中，酒神精神所代表的是一种由想象力而激发的创造意志。《文心雕龙》的《神思》一篇，正是借助回应文艺创作的源泉和动力这一问题，阐发以情思酝酿想象力，再由想象力而激发创造力的酒神精神，即所谓"寂然凝虑，思接千载"、"悄焉动容，视通万里"。"千载"和"万里"共同构建起一个主客交互所敞开的广阔时空系统，在"神与物游"的情思流淌中，通过"寂然凝虑，思接千载"的虚静工夫，便可触摸绵延数千年的历史情境；经由"悄焉动容，视通万里"的细

①　对此，罗宗强先生注意到："曹丕之前，刘歆早就说过：'诗以言情，情者，性之符也。'这区别，似乎在于以'气'表述，强调了感情力量、感情气势。后人亦多从感情气势着眼，强调'气'的动的力。"（罗宗强《魏晋南北朝文学思想史》，中华书局，2006年版，第23页）

②　关于物感理论，罗宗强先生指出："气说是物感说的哲学基础，而物感说则是从气之相通进而为情之交流。物色引起感情的波动，因之设想自然万物，亦皆为有情之物，见春华而生生命勃发之联想，见秋叶而发人生短促之叹息。"（罗宗强《魏晋南北朝文学思想史》，第80页）

微洞察,方能沟通横亘数万里的艺术景致。由此,《神思》一篇虽未言"情",却以更具广泛意涵的"神"囊括"情",意图在于强化"情"的创作功用。

　　《文心雕龙》全文言"情"凡 146 见,以《情采》一篇最为集中,达 15 次之多。然《情采》对"情"的叙说又以"文"、"质"关系为主要线索。

　　针对齐梁之时文艺创作竞相以繁缛华丽的辞藻掩盖对真情实感的表露,刘勰著文纠偏,借助对情质与文采关系的思考,阐扬"文质附乎情性"的意旨,并在文学理论的层面对"情"的重要性予以肯定。就文质关系而言,其在先秦时代便已经成为公共论题,纳入诸子百家的话语体系之中——孔子侧重于塑造彬彬有礼的君子品性而宣扬文质并重、文质兼备的必要;庄子着意于抨击本性迷失、人心混乱的社会现实而揭示"文灭质"、"博溺心"的弊端①。《情采》一篇无疑承接先秦诸子的思潮,在倡导文采附于情质的同时,强调情质待于文采,即所谓"文附质也"、"质待文也",并将文质关系由诸子时代的礼乐教化视角转移至魏晋之际的文艺创作视角。

　　在此基础上,刘勰视性情为文辞章句的根底和始基,而所谓"文质附乎性情"的实质即为"文质本于性情"。通俗而言,诗歌辞赋的文采需要以作者真情实感的表露为根本。进而,《情采》一篇倡导"为情而造文"而非"为文而造情",突出"吟咏情性"对

---

① 《论语·雍也》:"子曰:'质胜文则野,文胜质则史。文质彬彬,然后君子。'"《庄子·缮性》:"心与心识知而不足以定天下,然后附之以文,益之以博。文灭质,博溺心,然后民始惑乱,无以反其性情而复其初。"

于建构文章思想内涵的价值,并以"要约写真"、"依情待实"作为评判文章美学意蕴的标尺。这其中"情"的主体地位得到确证,"情"的"真"、"实"意涵以及"性情"为本的宗旨得到凸显,不外乎是对《庄子》"反其性情而复其初"主张的重申。

区别于两汉时期"文以载道"的学术风尚,魏晋文人的重"情"思潮有意识地分担了《庄子·天下》篇中"道术将为天下裂"的忧虑,将被汉儒排挤的"情",重新演绎进文人的思想意涵和审美旨趣中,通过理性解析和感性同通的整合与并重,领略道体的"恰似无情却有情"。具体而言,建安以降,文人、士大夫倾向于探寻"情"的内在机制,上承《庄子》"通天下一气耳"的气一元论以及"濠上观鱼"的审美情趣,将"气"作为"人情"、"天情"、"道情"间贯通的纽带,视"气"为情性与万物间感通的媒介,并进而以山水引发文思,开创出山水诗的审美向度。正如《庄子》所言,"山林与!皋壤与!使我欣欣然而乐与"(《知北游》)、"大林丘山之善于人也,亦神者不胜"(《外物》)。这其中,"情"如尼采的酒神精神一般,始终担负着激发创造动力和艺术生命力的文化使命。显然,文学作品中"情"的灌注和流淌,既折射出整个时代文化氛围的悄然变迁,又意味着文人传统的开端始于魏晋而渊源于《庄子》。

三、北宋新学、蜀学的"性情一体"观

哲学史对于宋学传统的演绎,素来重视南宋学术论"理"的一面,而忽视北宋学术"情"、"理"并重的一面,尤其是与庄学的关联。其实,属于哲学范畴的"理"原出自《庄子》。《庄子》中

"理"凡 38 见,以外杂篇为主①。这其中,《缮性》一篇直接以"理"释"道",而《秋水》和《则阳》两篇则蕴含着"情"、"理"并举的表述,即所谓"是未明天地之理,万物之情者也"(《秋水》),以及"孰正于其情?孰偏于其理"(《则阳》)。显然,在《庄子》的语境中,"理"的概念既经历着由纹理、条理之原初义到义理、规律之抽象义的引申过程,也呈现出与"情"并举、并重的态势。

北宋五子中,人性论议题的突出源自张载,他提出"心统性情"的命题以及"天地之性"、"气质之性"的概念。就情性关系而言,张载一方面提示"变化气质"的修养工夫,同时也说:"饮食男女皆性也,是乌可灭?"(《正蒙·乾称》)可是,到宋明后儒时,却演变出"性"、"理"与"情"、"欲"的对峙,以至于理学家群体习惯于尊"理"黜"情",进而标示出"存天理,灭人欲"这一有违人性的论断。甚至王阳明在推崇"纯乎天理"的道德本心时也强调,"只要去人欲,存天理,方是功夫。静时念念去人欲存天理,动时念念去人欲存天理"(《传习录》)。

北宋思想界诸子竞起,濂学、关学、新学、蜀学、洛学形成百家争鸣的新气象。例如,新学的王安石、蜀学的苏轼,统合儒道,考辨情性,将《庄子》"性情不离"的论题诉诸理性的再解读,与程朱学派"扬性抑情"的情性割裂学说形成鲜明对照。以下就对王安石的"性情一体"观及苏东坡对"情"的阐发展开论述。

---

① 诸如《缮性》"道,理也。……道无不理,义也"、《秋水》"知道者必达于理,达于理者必明于权,明于权者不以物害己"、《知北游》"天地有大美而不言,四时有明法而不议,万物有成理而不说"等。

(一) 王安石"性情一体"说

王安石"性情一也"的论题,作为贯穿《性情》、《原性》、《性说》三篇情性专论的核心意旨,最为直接地契入《庄子》"性情不离"的论述语境。

首先,就性情意涵而言,所谓"性",即指喜、怒、哀、乐、好、恶、欲等自然情感蓄存于内在本心,尚未向外发显的状态;而"情"则指喜、怒、哀、乐、好、恶、欲等自然情感流露于外在行为,已然向外发显的状态。正如《性情》所说:"性情一也。世有论者曰'性善情恶',是徒识性情之名而不知性情之实也。喜、怒、哀、乐、好、恶、欲未发于外而存于心,性也;喜、怒、哀、乐、好、恶、欲发于外而见于行,情也。性者情之本,情者性之用,故吾曰性情一也。"显然,王安石对"性"的诠释,是以"与生俱生"的自然人性论立场为根基的。

其次,就性情关系而言,"情"是基于"性"的情感生发。也就是说,"性"是一种先天本能,而"情"是一种后天反应。二者名虽异而实乃同,性为体而情为用,共同构成自然人性统一体的体用两面。由此,"性"与"情"只存在逻辑上的先后,无关乎价值上的善恶。所谓的"善恶"评判与取舍只适用于形之于外的"情",与生俱生的自然本性无需诉诸"善恶"的衡量①。进而,对于"情"的善恶辨别,王安石以与外物相交接的"情"是否与"理"契合为评判标准,而"理"又可以引申为《庄子》中包含有"真"、"实"之意

---

① 《原性》:"夫太极生五行,然后利害生焉,而太极不可以利害言也。性生乎情,有情然后善恶形焉,而性不可以善恶言也。""故曰有情然后善恶形焉。然则善恶者,情之成名而已矣。孔子曰:'性相近也,习相远也。'吾之言如此。"

的"性命之情",如《性情》所说:"故此七者,人生而有之,接于物而后动焉。动而当于理,则圣也、贤也;不当于理,则小人也。"对于圣贤而言,真情的流露即是本性的回归。

由此可见,"情"本不外乎"性","性"乃"生"之本具。他甚至说:"如其废情,则性虽善,何以自明哉?""无情者善,则是若木石者尚矣。"(《性情》)在《原性》中,围绕着诸子关于性情善恶的争辩,王安石指出,对"性"的善恶分殊,以及对"性"、"情"的人为割裂,无非是将"性"偷换作"情"的荒谬解读,也是将先天错解为后天的理论缺陷。因此,王安石倡导"性情一体"命题的初衷即是对违背自然人性论的孟子"性善"、荀子"性恶"乃至汉儒"性善情恶"等论说的反驳,而其背后的内在动因则是对《庄子》灌注人间的"性命之情"的深沉体悟。具体而言,即是对自孔子,经告子,至庄子的以人类受命成性之初的真朴状态为人之本性实情的自然人性论体系的传承①。为此,钱穆先生曾如此评价王安石,说:"荆公主张性、情一,情亦可以为善,如此则一般性善情恶的意见已推翻,使人再有勇气热情来面对真实人生,此乃荆公在当时思想界一大贡献。"②

(二)《前赤壁赋》蕴含之"人情"、"天情"、"道情"

接续王安石的"性情一体"观,苏轼亦选取自然哲学的角度

---

① 参看陈鼓应《庄子论人性的真与美》,原刊《哲学研究》2010年第12期;现已收入本书。
② 钱穆《中国学术思想史论丛(五)》,《钱宾四先生全集》第20册,台北联经出版事业公司,1998年版,第15页。

阐述性情善恶问题①,并经由对易学传统的诠释,指点孟子"性善论"的偏颇。他说:"昔者孟子以善为性,以为至矣,读《易》而后知其非也。孟子之于性,盖见其继者而已。夫善,性之效也。孟子不及见性,而见夫性之效,因以所见为性。"(《东坡易传》卷七)显然,苏轼认为,孟子误以"继之者善"的后天效用阐述人性,而并未领会性源于道而独具的形上性。因此,孟子的性善论无非是将后天的社会效用混同为先天的自然本性,是以形下的善恶属性规定形上的本质源泉②。

但有别于张载和王安石围绕《庄子》"性情不离"论题的理性化论证,苏轼另辟文学路径,将思辨智慧融汇于诗词创作中,于任情的主旋律中谱写安情的音符,以澎湃恢宏的叙事手法演绎奔放旷达的人格,譬如《念奴娇·赤壁怀古》的穷古今之变,《水调歌头》的究天人之际,"乱石崩云,惊涛裂岸"、"明月几时有,把酒问青天"的情绪施展,"人生如梦,一尊还酹江月"、"但愿人长久,千里共婵娟"的情感安顿。总体而言,苏轼借诗文予"任情"议题以浓墨重彩,予"安情"议题以细腻点缀,凸显出尼采酒神精神与日神精神的相得益彰,也继承着《庄子》中"无往而不乐"(《大宗师》)、"达生之情"、"达命之情"(《达生》)的放任与达观。然而,

---

① 《东坡易传》卷一:"情者,性之动也。溯而上,至于命。沿而下,至于情,无非性者。性之与情,非有善恶之别也,方其散而有为,则谓之情耳。"

② 对此,余敦康曾指出,"苏轼论证了人的自然本性先于社会本性,只有这种无善无恶的自然本性才是真正的性命之源,道义之善是在这种自然本性的基础上发展而成的",并据此批评说,"理学家着眼于以社会本性去统率自然本性,主张'克己复礼',即克制人的自然的情欲使之服从社会名教的规范"(余敦康《内圣外王的贯通——北宋易学的现代阐释》,学林出版社,1997年,第91、93页)。

回归"性情不离"的论题,较之前两者,《前赤壁赋》一篇当属理路最为清晰地阐释人情、天情、道情的纵向贯通乃至任情、安情的横向延展的佳篇。其间,苏轼以浩淼、宏阔的笔触,回归《庄子》关照天人的整体性视角,在天人、物我、古今的融通与交汇中,将"情"的升华与灌注自觉地作为文学创作的源泉。此间,"情"意激荡起的层叠涟漪,悠远而绵长,奏响艺术领域的华美抒情乐章。

苏轼因乌台诗案贬谪黄州,基于人生的困顿多艰而创作《前赤壁赋》,将历史意识与天人视野收摄于对生命的深沉思索中,并着意于经由"情"的跌宕起伏而探寻《庄子》"安所困苦哉"的返本之道。可以说,苏轼所处的时代较之庄子更为艰难,而其所具的心境较之庄子却更加开阔①。《前赤壁赋》全篇以道之流衍洞观人世,借怀古的题材开显《庄子》绵延千载的情性议题——将"人情"上溯至"天情"并究极于"道情",在"道情"的关照中放任、安顿性命之情。

"壬戌之秋,七月既望,苏子与客泛舟游于赤壁之下。清风徐来,水波不兴。举酒属客,诵明月之诗,歌窈窕之章。"《前赤壁赋》开篇,苏轼与友人泛舟悠游、对酒当歌、赏月赋诗的场景铺陈,闲适而惬意,彰显着"人情"所蕴含的生命本真状态之意以及顺任本性、激发潜能、放达意境的"任其性命之情"宗旨。骤然,笔锋调转,视野由人而及天,侧重于自然景致和宇宙视界

---

① 苏轼的多篇游记,都表露出此种开阔的心境,如《超然台记》言"凡物皆有可观。苟有可观,其有可乐"、"安往而不乐"、"彼游于物之内,而不游于物之外。物虽有大小也,自其内而观之,未有不高而且大也"等等。

的描绘，将个人的生命处境向自然和宇宙的高度推至。这其间，天地所独具的辽阔与通透，不由得促使现实个体将生命的情调与天地广博的情怀、宇宙深沉的情愫相贯通，以回归自然而然的真朴状态。所谓"浩浩乎如冯虚御风，而不知其所止；飘飘乎如遗世独立，羽化而登仙"，便是"天情"与"道情"的意境。

随后，主客对话展开，历经友人的追溯与感怀，历史场景重现。当年的曹孟德金戈铁马，成就一代枭雄，而如今俨然已随时间的流逝而仅存于历史的记忆中。自"天情"的无限与无际衡量，"人情"不免随时空之流而瞬息万变，令人生发苍凉、悲楚之感①。为此，苏轼回归作为全篇主轴的"性命之情"议题，以消长之水和盈虚之月为喻，讨论"自其变者观之"与"自其不变者观之"两种省察天地、物我与古今关系的法则，自"道"的演进历程而洞察人世间，在变动不居与恒定长存之间，安住于宇宙超越对待的本质，进而秉持伦常、相尊相蕴、汇通物我，实乃自"道情"而安顿"性命之情"的脉络②。由此，主客沉浸于"不知东方之既白"

---

① 历史情境与感怀之情见于此段，云："苏子愀然，正襟危坐，而问客曰：'何为其然也？'客曰：'月明星稀，乌鹊南飞。此非曹孟德之诗乎？西望夏口，东望武昌。山川相缪，郁乎苍苍，此非孟德之困于周郎者乎？方其破荆州，下江陵，顺流而东也，舳舻千里，旌旗蔽空，酾酒临江，横槊赋诗，固一世之雄也，而今安在哉？况吾与子渔樵于江渚之上，侣鱼虾而友麋鹿，驾一叶之扁舟，举匏樽以相属。寄蜉蝣于天地，渺沧海之一粟。哀吾生之须臾，羡长江之无穷。挟飞仙以遨游，抱明月而长终。知不可乎骤得，托遗响于悲风。'"

② 性命之情的主题见于苏子所言，云："客亦知夫水与月乎？逝者如斯，而未尝往也；盈虚者如彼，而卒莫消长也。盖将自其变者而观之，则天地曾不能以一瞬；自其不变者而观之，则物与我皆无尽也，而又何羡乎！且夫天地之间，物各有主，苟非吾之所有，虽一毫而莫取。惟江上之清风，与山间之明月，耳得之而为声，目遇之而成色，取之无禁，用之不竭，是造物者之无尽藏也，而吾与子之所共适。"

的松弛、旷达心境中。于情意荡漾中抒怀庄学遗风的《前赤壁赋》一篇至此终结。

结　语

中国的"抒情传统",从不同的视角,有着不同的论述,如1971年加州大学柏克莱校区东方语文学系陈世骧教授,在美国亚洲研究学会比较文学讨论组致辞《论中国抒情传统》(*On Chinese Lyrical Tradition*)。这篇文章放眼于西欧史诗及戏剧传统的对比,从《诗经》和《楚辞》中体认到中国文学传统的"抒情"特质,并从文学创作的视角宣称,"中国文学传统从整个而言就是一个抒情传统"[①]。有别于文学创作的视角,本文从哲学理论的层面,使用概念分析的方法,对道家人性论中有关"情"的哲学议题以及"情"的范畴内涵与概念之间的内在联系进行论述。

"抒情"一词,最早出现在屈原《九章·惜诵》的"发愤以抒情"一句中[②]。而从概念分析的视角追溯,先秦诸子中"情"的议题首先由庄子提出。《庄子》内篇自"人情"上溯提升至"天情"、"道情"的形上境界,而外篇由"道情"、"天情"反向灌注为"任情"和"安情"的现实人性。事实上,庄子(前369-前284)与屈原(前340-前278)几乎同时,前者可归为想象哲学,而后者可归为想象文学,一为"任其性命之情"、"安其性命之情",一为"发奋以

---

① 参看陈国球、王德威编《抒情之现代性——"抒情传统"论述与中国文学研究》,生活·读书·新知三联书店,2014年版,第45—51页。

② "情"字在《诗经》中仅出现一次,并且局限于"真"、"实"的本义。不同于《诗经》,屈原的楚辞深受《庄子》的熏染,其中"情"字出现44次之多,并且主要表示情感或情绪的涵义。

抒情",二者汇合而为后世畅叙"情"意的历史序幕。魏晋时期,这
一论"情"序幕演变为重"情"思潮,哲学领域"情"的显题化倾向延
伸到文学、艺术、美学等多个领域,并由此形成"情"意激荡的文人
传统,造就了中国人性论史上"一往情深"的"有情"时代①。

北宋之时,以张载、王安石和苏轼为代表的思想家,传承《庄
子》"性情不离"的议题,以"旁通而统贯"的人性论学说,为"情"
营造出积极而丰满的话语空间。然而,佛老影响下的程朱理学,
一方面着意于建构形上的理论体系,弥补原始儒家侧重伦常践行
的缺失;另一方面泯灭"情"的人性论功用,只谈"心性"而避谈
"情性",甚至提出"存天理,灭人欲"的反人性主张。它不仅影响
着陆王心学,而且对后世人性理论的演进产生深重的流弊。

不同于程朱理学割裂性情关系的偏颇,也未受程朱理学切断
情性脉络的制约,明末清初,以王夫之、戴震为代表的思想家,将
传承千载的情性议题涌动为"情本"思潮②。如王夫之"夫性者,
先理也,日生则日成也"(《尚书引义》)的性在理先,"王道本乎人
情"、"人情之通天下而一理者,即天理也"(《四书训义》)的情为理
本;又如戴震"在己与人皆谓之情,无过情无不及情之谓理"(《孟子
字义疏证》)的以情释理,"德纯乎性者,情亦适如其性;如其性者之

---

① 正如张法所言,"魏晋的人格自觉可以说是庄子与屈原的合一,是庄子的自由与
忘情与屈子的浪漫与深情的合一。老庄与屈子的碰撞,在魏晋清谈的话题里表
现为'有情无情'的争论"(张法《中国美学史》,第80页)。

② 此外,冯达文曾专题论述陈白沙的心学在儒学史上唤醒"情"的地位及其与道家
的关联,说:"陈白沙重新唤回被程、朱放逐了的'情',以'情'为'心'为'性'。由
此可言,白沙的'心本论'实为'情本论'。……显然,白沙以'情'至上,追求心的
自然—本然性,已具道家品味。"(冯达文《中国哲学的本源——本体论》,广东人
民出版社,2001年版,第285、288页)

情,不容已之情也"(《船山经义》)的性情一如。凡此种种,无不与《庄子》复返人性、人情以探求伦常规范的宗旨吻合。所谓"理",并非疏离于人之情性,戴震自人之情欲探求理之发用,并由此分辨古今之"理"的差异,正是出于对"理"日趋封闭的担忧①。

　　针对"存天理,灭人欲"等命题,钱穆在对明末清初的学术进行评价时也指出:"在晚明诸老心中,藏有两大问题,一是宋明儒的心学,愈走愈向里,愈逼愈渺茫,结果不得不转身向外来重新找新天地,这是学术上的穷途。……晚明诸遗老多半尚是批评陆王,乾嘉则排斥程朱。乾嘉的态度愈偏激,愈见他们内心波动之不自然。"②事实上,包括明末清初"情本"思潮在内的抒情传统,无不源于时代命运的坎坷以及个人遭遇的困苦,政治高压下内心的激荡,社会动荡下胸中的委屈,都能借助"情"的抒发而得到安顿。归根到底,这一传统肇端于《庄子》,是《庄子》"安所困苦哉"的生命感怀及其天人视角的整体性思维,为文明传统注入绵延不绝的抒情血脉③。

　　　(本文是在北京大学哲学系博士生苗玥帮助下完成的,原刊于《哲学研究》2016年第2期,收入本书时有较大改动。)

---

① 《孟子字义疏证》:"古之言理也,就人之情欲求之,使之无疵之谓理。今之言理也,离人之情欲求之,使之忍而不顾之谓理。""圣人治天下,体民之情,遂民之欲,而王道备。"
② 钱穆《中国学术思想史论丛(八)》,《钱宾四先生全集》第22册,第5—13页。
③ 周汝昌在《神州自有连城璧》中认为:"中华文化有两条主脉:一是仁义道德,一是才情灵智。两者会合乃生英才、雄略、哲士、伟人。……中华的文化,从字义来看,应该主要是指'人文教化'。此教化是陶冶,是积渐,是潜默。——这是一种'感染'的方式和力量……'化'的对象是性情,可以因情以明道达理,却不是先'闻道'而后生情,是知'情'方是一切'心理'活动的根源。"(山东画报出版社,2005年版,第242页)

附录 《庄子》"心"、"性"、"情" 三字出处索引

心(共计 187 次)

《逍遥游》(1 次)

1.则夫子犹有蓬之心也夫!

《齐物论》(7 次)

1.形固可使如槁木,而心固可使如死灰乎?

2.与接为构,日以心斗。

3.近死之心,莫使复阳也。

4.其形化,其心与之然,可不谓大哀乎?

5.夫随其成心而师之,谁独且无师乎?

6.奚必知代而心自取者有之? 愚者与有焉。

7.未成乎心而有是非,是今日适越而昔至也。

《人间世》(20次)

1.名闻不争,未达人心。

2.而目将荧之,而色将平之,口将营之,容将形之,心且成之。

3.夫以阳为充孔扬,采色不定,常人之所不违,因案人之所感,以求容与其心,名之曰日渐之德不成,而况大德乎!

4.虽然,止是耳矣,夫胡可以及化!犹师心者也。

5.有心而为之,其易邪?

6.是祭祀之斋,非心斋也。回曰:"敢问心斋。"仲尼曰:"若一志,无听之以耳而听之以心;无听之以心而听之以气。听止于耳,心止于符。气也者,虚而待物者也。唯道集虚。虚者,心斋也。"

7.夫徇耳目内通而外于心知,鬼神将来舍,而况人乎!

8.子之爱亲,命也,不可解于心。

9.自事其心者,哀乐不易施乎前,知其不可奈何而安之若命,德之至也。

10.兽死不择音,气息茀然,于是并生心厉。剋核太至,则必有不肖之心应之而不知其然也。

11.且夫乘物以游心,托不得已以养中,至矣。

12.形莫若就,心莫若和。虽然,之二者有患。就不欲入,和不欲出。形就而入,且为颠为灭,为崩为蹶;心和而出,且为声为名,为妖为孽。

13.时其饥饱,达其怒心。

《德充符》(8次)

1.固有不言之教,无形而心成者邪?

2.若然者,其用心也,独若之何?

3.夫若然者,且不知耳目之所宜,而游心乎德之和。

4.彼为己,以其知得其心,以其心得其常心。物何为最之哉?

5.将求名而能自要者而犹若是,而况官天地、府万物、直寓六骸、象耳目、一知之所知而心未尝死者乎!

6.使日夜无郤,而与物为春,是接而生时于心者也。是之谓才全。

《大宗师》(8次)

1.是之谓不以心捐道,不以人助天,是之谓真人。若然者,其心志,其容寂,其颡頯。

2.故圣人之用兵也,亡国而不失人心。

3.四人相视而笑,莫逆于心,遂相与为友。

4.其心闲而无事。

5.三人相视而笑,莫逆于心,遂相与为友。

6.孟孙才,其母死,哭泣无涕,中心不戚,居丧不哀。

7.且彼有骇形而无损心,有旦宅而无情死。

《应帝王》(5次)

1.汝又何帛以治天下感予之心为?

2.汝游心于淡,合气于漠,顺物自然而无容私焉,而天下治矣。

3.是于圣人也,胥易技系,劳形怵心者也。

4.列子见之而心醉。

5.至人之用心若镜,不将不迎,应而不藏,故能胜物而不伤。

《骈拇》(2 次)

1.骈于辩者,累瓦结绳窜句,游心于坚白同异之间,而敝跬誉无用之言非乎?

2.屈折礼乐,呴俞仁义,以慰天下之心者,此失其常然也。

《马蹄》(1 次)

1.及至圣人,屈折礼乐以匡天下之形,县跂仁义以慰天下之心,而民乃始踶跂好知,争归于利,不可止也。

《在宥》(12 次)

1.不治天下,安藏人心?

2.女慎无撄人心。人心排下而进上,上下因杀,淖约柔乎刚强。……其居也渊而静,其动也悬而天。偾骄而不可系者,其唯人心乎!

3.昔者黄帝始以仁义撄人之心。……天下脊脊大乱,罪在撄人心。

4.而佞人之心翦翦者,又奚足以语至道!

5.目无所见,耳无所闻,心无所知,女神将守形,形乃长生。

6.噫!心养!汝徒处无为,而物自化。堕尔形体,吐尔聪明,伦与物忘,大同乎涬溟。解心释神,莫然无魂。

7.同于己而欲之,异于己而不欲者,以出乎众为心也。夫以出乎众为心者,曷常出乎众哉!

《天地》(15 次)

1.记曰:"通于一而万事毕,无心得而鬼神服。"

2.夫道,覆载万物者也,洋洋乎大哉!君子不可以不刳心焉。

3.君子明于此十者,则韬乎其事心之大也,沛乎其为万物逝也。

4.故其德广,其心之出,有物采之。

5.是胥易技系,劳形怵心者也。

6.凡有首有趾、无心无耳者众;有形者与无形无状而皆存者尽无。

7.大圣之治天下也,摇荡民心,使之成教易俗,举灭其贼心而皆进其独志。若性之自为,而民不知其所由然。若然者,岂兄尧、舜之教民,溟涬然弟之哉?欲同乎德而心居矣!

8.吾闻之吾师,有机械者必有机事,有机事者必有机心。机心存于胸中则纯白不备。纯白不备则神生不定,神生不定者,道之所不载也。

9.功利机巧必忘夫人之心。若夫人者,非其志不之,非其心不为。

10.是故高言不止于众人之心;至言不出,俗言胜也。

11.且夫失性有五:一曰五色乱目,使目不明;二曰五声乱耳,使耳不聪;三曰五臭熏鼻,困惾中颡;四曰五味浊口,使口厉爽;五曰趣舍滑心,使性飞扬。

《天道》(12次)

1.万物无足以铙心者,故静也。

2.圣人之心静乎! 天地之鉴也,万物之镜也。

3.其动也天,其静也地,一心定而王天下;其鬼不祟,其魂不疲,一心定而万物服。言虚静推于天地,通于万物,此之谓天乐。天乐者,圣人之心以畜天下也。

4.此五末者,须精神之运,心术之动,然后从之者也。

5.昔者舜问于尧曰:"天王之用心何如?"尧曰:"吾不敖无告,不废穷民,苦死者,嘉孺子而哀妇人,此吾所以用心已。"

6.中心物恺,兼爱无私,此仁义之情也。

7.昔者吾有刺于子,今吾心正却矣,何故也?

8.通乎道,合乎德,退仁义,宾礼乐,至人之心有所定矣!

9.斫轮,徐则甘而不固,疾则苦而不入,不徐不疾,得之于手而应于心,口不能言,有数存乎其间。

《天运》(10次)

1.此之谓天乐,无言而心说。

2.故西施病心而矉其里,其里之丑人见之而美之,归亦捧心而矉其里。

3.故曰:正者,正也。其心以为不然者,天门弗开矣。

4.夫仁义惨然,乃愦吾心,乱莫大焉。

5.黄帝之治天下,使民心一。……尧之治天下,使民心亲。……舜之治天下,使民心竞。……禹之治天下,使民心变,人有心而兵有顺,杀盗非杀,人自为种而天下耳,是以天下大骇,儒、墨皆起。

《刻意》(1次)

1.故心不忧乐,德之至也。

《缮性》(4次)

1.德又下衰,及唐、虞始为天下,兴治化之流,濞淳散朴,离道以善,险德以行,然后去性而从于心。心与心识知,而不足以定天下,然后附之以文,益之以博。文灭质,博溺心,然后民始惑乱,无以反其性情而复其初。

《秋水》(1 次)

1.夔怜蚿,蚿怜蛇,蛇怜风,风怜目,目怜心。

《达生》(5 次)

1.复雠者不折镆干,虽有忮心者不怨飘瓦,是以天下平均。

2.夫忿滀之气,散而不反,则为不足;上而不下,则使人善怒;下而不上,则使人善忘;不上不下,中身当心,则为病。

3.臣将为镶,未尝敢以耗气也,必齐以静心。

4.工倕旋而盖规矩,指与物化而不以心稽,故其灵台一而不桎。忘足,履之适也;忘要,带之适也;知忘是非,心之适也;不内变,不外从,事会之适也;始乎适而未尝不适者,忘适之适也。

《山木》(4 次)

1.吾愿君刳形去皮,洒心去欲,而游于无人之野。

2.方舟而济于河,有虚船来触舟,虽有惼心之人不怒。

3.今处昏上乱相之间而欲无惫,奚可得邪? 此比干之见剖心,征也夫!

4.木声与人声,犁然有当于人之心。

《田子方》(11 次)

1.吾闻中国之君子,明乎礼义而陋于知人心。

2.中国之民,明乎礼义而陋乎知人心。

3.夫哀莫大于心死,而人死亦次之。

4.吾游心于物之初。

5.心困焉而不能知,口辟焉而不能言。

6.且万化而未始有极也,夫孰足以患心!已为道者解乎此。

7.夫子德配天地,而犹假至言以修心。古之君子,孰能脱焉!

8.百里奚爵禄不入于心,故饭牛而牛肥,使秦穆公忘其贱,与之政也。有虞氏死生不入于心,故足以动人。

9.长官者不成德,则同务也,斄斛不敢入于四竟,则诸侯无二心也。

10.肩吾问于孙叔敖曰:"子三为令尹而不荣华,三去之而无忧色。吾始也疑子,今视子之鼻间栩栩然,子之用心独奈何?"

《知北游》(4次)

1.形若槁骸,心若死灰,真其实知,不以故自持。媒媒晦晦,无心而不可与谋。

2.汝齐戒,疏瀹而心,澡雪而精神,掊击而知!

3.其用心不劳,其应物无方。

《庚桑楚》(7次)

1.心之与形,吾不知其异也,而狂者不能自得。

2.儿子动不知所为,行不知所之,身若槁木之枝而心若死灰。

3.备物将以形,藏不虞以生心,敬中以达彼。

4.非阴阳贼之,心则使之也。

5.彻志之勃,解心之谬,去德之累,达道之塞。贵富显严名利六者,勃志也;容动色理气意六者,谬心也;恶欲喜怒哀乐六者,累德也;去就取与知能六者,塞道也。

6.欲静则平气,欲神则顺心。

《徐无鬼》(4次)

1.夫子,物之尤也。形固可使若槁骸,心固可使若死灰乎?

2.以目视目,以耳听耳,以心复心。

3.故目之于明也殆,耳之于聪也殆,心之于殉也殆,凡能其于府也殆,殆之成也不给改。

《则阳》(5次)

1.其于人心者,若是其远也。

2.知游心于无穷,而反在通达之国,若存若亡乎?

3.其声销,其志无穷,其口虽言,其心未尝言。方且与世违,而心不屑与之俱。

3.今人之治其形,理其心,多有似封人之所谓:遁其天,离其性,灭其情,亡其神,以众为。

《外物》(5次)

1.鼃螳不得成,心若悬于天地之间,慰暋沈屯,利害相摩,生火甚多,众人焚和,月固不胜火,于是乎有僓然而道尽。

2.龟至,君再欲杀之,再欲活之。心疑,卜之。

3.目彻为明,耳彻为聪,鼻彻为颤,口彻为甘,心彻为知,知彻为德。

4.胞有重阆,心有天游。室无空虚,则妇姑勃溪;心无天游,则六凿相攘。

《寓言》(4次)

1.使人乃以心服而不敢蘁立,定天下之定。

2.曾子再仕而心再化,曰:"吾及亲仕,三釜而心乐;后仕,三千钟而不泊,吾心悲。"

《让王》(4次)

1.日出而作,日入而息,逍遥于天地之间,而心意自得。

2.使者去,子列子入,其妻望之而拊心曰:"妾闻为有道者之妻子,皆得佚乐。今有饥色,君过而遗先生食,先生不受,岂不命邪?"

3.故养志者忘形,养形者忘利,致道者忘心矣。

4.身在江海之上,心居乎魏阙之下,奈何?

《盗跖》(13次)

1.且跖之为人也,心如涌泉,意如飘风,强足以距敌,辩足以饰非。顺其心则喜,逆其心则怒,易辱人以言。

2.若所言顺吾意则生,逆吾心则死。

3.神农之世,卧则居居,起则于于。民知其母,不知其父,与麋鹿共处,耕而食,织而衣,无有相害之心,此至德之隆也。

4.子胥沉江,比干剖心。

5.若弃名利,反之于心,则夫士之为行,不可一日不为乎!……若弃名利,反之于心,则夫士之为行,抱其天乎!

6.今谓臧聚曰"汝行如桀、纣",则有怍色,有不服之心者,小人所贱也。

7.比干剖心,子胥抉眼,忠之祸也;直躬证父,尾生溺死,信之患也;鲍子立干,申子不自理,廉之害也;孔子不见母,匡子不见父,义之失也。

8.惨怛之疾,恬愉之安,不监于体;怵惕之恐,欣欣之喜,不监于心。

9.且夫声色滋味权势之于人,心不待学而乐之,体不待象而安之。

10.财积而无用,服膺而不舍,满心戚醮,求益而不止,可谓忧矣。

《渔父》(3次)

1.苦心劳形以危其真。

2.丘少而修学,以至于今,六十九岁矣,无所得闻至教,敢不虚心!

3.湛于礼义有间矣,而朴鄙之心至今未去。

《列御寇》(5次)

1.夫内诚不解,形谍成光,以外镇人心,使人轻乎贵老,而齑其所患。

2.受乎心,宰乎神,夫何足以上民!

3.凡人心险于山川,难于知天。

4.贼莫大乎德有心而心有睫,及其有睫也而内视,内视而败矣!

《天下》(6次)

1.恐其不可以为圣人之道,反天下之心。

2.不累于俗,不饰于物,不苟于人,不忮于众,愿天下之安宁以活民命,人我之养,毕足而止,以此白心。

3.语心之容,命之曰心之行。

4.桓团、公孙龙辩者之徒,饰人之心,易人之意,能胜人之口,不能服人之心,辩者之囿也。

性(共计85次)

《骈拇》(19次)

　　1.骈拇枝指出乎性哉,而侈于德;附赘县疣出乎形哉,而侈于性;多方乎仁义而用之者,列于五藏哉,而非道德之正也。

　　2.枝于仁者,擢德塞性以收名声,使天下簧鼓以奉不及之法非乎?

　　3.彼正正者,不失其性命之情。

　　4.故性长非所断,性短非所续,无所去忧也。

　　5.今世之仁人,蒿目而忧世之患;不仁之人,决性命之情而饕贵富。

　　6.且夫待钩绳规矩而正者,是削其性者也。

　　7.夫小惑易方,大惑易性。何以知其然邪?自虞氏招仁义以挠天下也,天下莫不奔命于仁义。是非以仁义易其性与?

　　8.自三代以下者,天下莫不以物易其性矣!小人则以身殉利;士则以身殉名;大夫则以身殉家;圣人则以身殉天下。故此数子者,事业不同,名声异号,其于伤性以身为殉,一也。

　　9.二人者,所死不同,其于残生伤性均也,奚必伯夷之是而盗跖之非乎?

　　10.若其残生损性,则盗跖亦伯夷已,又恶取君子小人于其间哉!

　　11.且夫属其性乎仁义者,虽通如曾、史,非吾所谓臧也;属其性于五味,虽通如俞儿,非吾所谓臧也;属其性乎五声,虽通如师旷,非吾所谓聪也;属其性乎五色,虽通如离朱,非吾所谓明也。

12.吾所谓臧者,非所谓仁义之谓也,任其性命之情而已矣。

《马蹄》(5次)

1.马,蹄可以践霜雪,毛可以御风寒。龁草饮水,翘足而陆。此马之真性也。

2.夫埴木之性,岂欲中规矩钩绳哉?

3.彼民有常性,织而衣,耕而食,是谓同德。

4.同乎无知,其德不离;同乎无欲,是谓素朴。素朴而民性得矣。

5.性情不离,安用礼乐!

《胠箧》(1次)

1.故上悖日月之明,下烁山川之精,中堕四时之施,惴耎之虫,肖翘之物,莫不失其性。

《在宥》(9次)

1.闻在宥天下,不闻治天下也。在之也者,恐天下之淫其性也;宥之也者,恐天下之迁其德也。天下不淫其性,不迁其德,有治天下者哉? 昔尧之治天下也,使天下欣欣焉人乐其性,是不恬也;桀之治天下也,使天下瘁瘁焉人苦其性,是不愉也。

2.自三代以下者,匈匈焉终以赏罚为事,彼何暇安其性命之情哉!

3.天下将安其性命之情,之八者,存可也,亡可也。天下将不安其性命之情,之八者,乃始脔卷獊囊而乱天下也。

4.故君子不得已而临莅天下,莫若无为。无为也,而后安其性命之情。

5.于是乎喜怒相疑,愚知相欺,善否相非,诞信相讥,而天下衰矣;大德不同,而性命烂漫矣;天下好知,而百姓求竭矣。

《天地》(9次)

1.啮缺之为人也,聪明睿知,给数以敏,其性过人,而又乃以人受天。

2.形体保神,各有仪则谓之性;性修反德,德至同于初。

3.若性之自为,而民不知其所由然。

4.夫明白入素,无为复朴,体性抱神,以游世俗之间者,汝将固惊邪?

5.比牺尊于沟中之断,则美恶有间矣,其于失性一也。跖与曾、史,行义有间矣,然其失性均也。且夫失性有五:一曰五色乱目,使目不明;二曰五声乱耳,使耳不聪;三曰五臭熏鼻,困惾中颡;四曰五味浊口,使口厉爽;五曰趣舍滑心,使性飞扬。

《天道》(3次)

1.老聃曰:"请问:仁义,人之性邪?"孔子曰:"然,君子不仁则不成,不义则不生。仁义,真人之性也,又将奚为矣?"

2.意!夫子乱人之性也!

《天运》(2次)

1.其知僭于蛎蛋之尾,鲜规之兽,莫得安其性命之情者,而犹自以为圣人,不亦可耻乎,其无耻也?

2.性不可易,命不可变,时不可止,道不可壅。

《刻意》(1次)

1.水之性,不杂则清,莫动则平;郁闭而不流,亦不能清;天德之象也。

《缮性》(9次)

1.缮性于俗学,以求复其初;滑欲于俗思,以求致其明:谓之蔽蒙之民。

2.知与恬交相养,而和理出其性。

3.彼正而蒙己德,德则不冒。冒则物必失其性也。

4.德又下衰,及唐、虞始为天下,兴治化之流,浇淳散朴,离道以善,险德以行,然后去性而从于心。

5.文灭质,博溺心,然后民始惑乱,无以反其性情而复其初。

6.古之存身者,不以辩饰知,不以知穷天下,不以知穷德,危然处其所而反其性,己又何为哉!

7.轩冕在身,非性命也,物之傥来,寄者也。

8.丧己于物,失性于俗者,谓之倒置之民。

《秋水》(1次)

1.鸱鸺夜撮蚤,察毫末,昼出瞋目而不见丘山,言殊性也。

《达生》(5次)

1.壹其性,养其气,合其德,以通乎物之所造。

2.曰:"亡,吾无道。吾始乎故,长乎性,成乎命。与齐俱入,与汩偕出,从水之道而不为私焉。此吾所以蹈之也。"孔子曰:"何谓始乎故,长乎性,成乎命?"曰:"吾生于陵而安于陵,故也;长于水而安于水,性也;不知吾所以然而然,命也。"

3.其巧专而外骨消,然后入山林,观天性,形躯至矣,然后成见镶,然后加手焉,不然则已。

《山木》(1 次)

1.有人,天也;有天,亦天也。人之不能有天,性也。

《知北游》(1 次)

1.是天地之委形也;生非汝有,是天地之委和也;性命非汝有,是天地之委顺也;子孙非汝有,是天地之委蜕也。

《庚桑楚》(3 次)

1.惘惘乎,汝欲反汝情性而无由入,可怜哉!

2.道者,德之钦也;生者,德之光也;性者,生之质也。性之动谓之为,为之伪谓之失。

《徐无鬼》(2 次)

1.君将盈耆欲,长好恶,则性命之情病矣。

2.驰其形性,潜之万物,终身不反,悲夫!

《则阳》(7 次)

1.圣人达绸缪,周尽一体矣,而不知其然,性也。

2.若知之,若不知之,若闻之,若不闻之,其可喜也终无已,人之好之亦无已,性也。……若知之,若不知之,若闻之,若不闻之,其爱人也终无已,人之安之亦无已,性也。

3.遁其天,离其性,灭其情,亡其神,以众为。故卤莽其性者,欲恶之孽,为性萑苇蒹葭,始萌以扶吾形,寻擢吾性。

《盗跖》(5 次)

1.孰论之,皆以利惑其真而强反其情性,其行乃甚可羞也。

2.小人殉财,君子殉名,其所以变其情,易其性,则异矣;乃至于弃其所为而殉其所不为,则一也。

3.夫欲恶避就,固不待师,此人之性也。

4.计其患,虑其反,以为害于性,故辞而不受也,非以要名誉也。

5.及其患至,求尽性竭财,单以反一日之无故而不可得也。

《渔父》(1次)

1.孔氏者,性服忠信,身行仁义,饰礼乐,选人伦,上以忠于世主,下以化于齐民,将以利天下。此孔氏之所治也。

《列御寇》(1次)

1.以支为旨,忍性以视民,而不知不信。

情(共计60次)

《逍遥游》(1次)

1.吾惊怖其言,犹河汉而无极也,大有径庭,不近人情焉。

《齐物论》(2次)

1.若有真宰,而特不得其眹。可行已信,而不见其形,有情而无形。

2.如求得其情与不得,无益损乎其真。

《养生主》(1次)

1.是遁天倍情,忘其所受,古者谓之遁天之刑。

《人间世》(3次)

1.吾未至乎事之情,而既有阴阳之患矣!

2.为人臣子者,固有所不得已,行事之情而忘其身,何暇至于悦生而恶死!

3.传其常情,无传其溢言,则几乎全。

《德充符》(7 次)

1.有人之形,无人之情。有人之形,故群于人;无人之情,故是非不得于身。

2.惠子谓庄子曰:"人故无情乎?"庄子曰:"然。"惠子曰:"人而无情,何以谓之人?"庄子曰:"道与之貌,天与之形,恶得不谓之人?"惠子曰:"既谓之人,恶得无情?"庄子曰:"是非吾所谓情也。吾所谓无情者,言人之不以好恶内伤其身,常因自然而不益生也。"

《大宗师》(4 次)

1.死生,命也;其有夜旦之常,天也。人之有所不得与,皆物之情也。

2.若夫藏天下于天下而不得所遁,是恒物之大情也。

3.夫道,有情有信,无为无形;可传而不可受,可得而不可见;自本自根,未有天地,自古以固存;神鬼神帝,生天生地;在太极之先而不为高,在六极之下而不为深,先天地生而不为久,长于上古而不为老。

4.且彼有骇形而无损心,有旦宅而无情死。

《应帝王》(1 次)

1.其知情信,其德甚真,而未始入于非人。

《骈拇》(6次)

1.是故骈于足者,连无用之肉也;枝于手者,树无用之指也;多方骈枝于五藏之情者,淫僻于仁义之行,而多方于聪明之用也。

2.彼正正者,不失其性命之情。

3.意仁义其非人情乎!

4.今世之仁人,蒿目而忧世之患;不仁之人,决性命之情而饕贵富。故意仁义其非人情乎!

5.吾所谓臧者,非所谓仁义之谓也,任其性命之情而已矣。

《马蹄》(1次)

1.性情不离,安用礼乐!

《在宥》(6次)

1.自三代以下者,匈匈焉终以赏罚为事,彼何暇安其性命之情哉!

2.天下将安其性命之情,之八者,存可也,亡可也。天下将不安其性命之情,之八者,乃始脔卷狯囊而乱天下也。

3.故君子不得已而临莅天下,莫若无为。无为也,而后安其性命之情。

4.乱天之经,逆物之情,玄天弗成,解兽之群而鸟皆夜鸣,灾及草木,祸及止虫。

5.无问其名,无窥其情,物固自生。

《天地》(2次)

1.圣治乎?官施而不失其宜,拔举而不失其能,毕见情事而行其所为,行言自为而天下化,手挠顾指,四方之民莫不俱至,此之谓圣治。

2.致命尽情,天地乐而万事销亡,万物复情,此之谓混冥。

《天道》(3次)

1.中心物恺,兼爱无私,此仁义之情也。

2.悲夫,世人以形色名声为足以得彼之情! 夫形色名声果不足以得彼之情,则知者不言,言者不知,而世岂识之哉!

《天运》(2次)

1.圣也者,达于情而遂于命也。

2.其知僭于蛴蚕之尾,鲜规之兽,莫得安其性命之情者,而犹自以为圣人,不亦可耻乎,其无耻也?

《缮性》(2次)

1.夫德,和也;道,理也。德无不容,仁也;道无不理,义也;义明而物亲,忠也;中纯实而反乎情,乐也;信行容体而顺乎文,礼也。

2.文灭质,博溺心,然后民始惑乱,无以反其性情而复其初。

《秋水》(2次)

1.世之议者皆曰:"至精无形,至大不可围。"是信情乎?

2.是未明天地之理,万物之情者也。

《达生》(2次)

1.达生之情者,不务生之所无以为;达命之情者,不务知之所无奈何。

《山木》(2次)

1.若夫万物之情,人伦之传,则不然:合则离,成则毁,廉则挫,尊则议,有为则亏,贤则谋,不肖则欺,胡可得而必乎哉?

2.形莫若缘,情莫若率。

《庚桑楚》(1 次)

1.惘惘乎,汝欲反汝情性而无由入,可怜哉!

《徐无鬼》(2 次)

1.君将盈耆欲,长好恶,则性命之情病矣。

2.修胸中之诚,以应天地之情而勿撄。

《则阳》(2 次)

1.遁其天,离其性,灭其情,亡其神,以众为。

2.季真之莫为,接子之或使。二家之议,孰正于其情? 孰偏于其理?

《盗跖》(4 次)

1.孰论之,皆以利惑其真而强反其情性,其行乃甚可羞也。

2.今吾告子以人之情:目欲视色,耳欲听声,口欲察味,志气欲盈。

3.论则贱之,行则下之,则是言行之情悖战于胸中也,不亦拂乎!

4.小人殉财,君子殉名,其所以变其情、易其性,则异矣;乃至于弃其所为而殉其所不为,则一也。

《渔父》(1 次)

1.子审仁义之间,察同异之际,观动静之变,适受与之度,理好恶之情,和喜怒之节,而几于不免矣。

《列御寇》(2次)

　1.天犹有春秋冬夏旦暮之期,人者厚貌深情。

　2.达生之情者傀,达于知者肖;达大命者随,达小命者遭。

《天下》(1次)

　1.以禁攻寝兵为外,以情欲寡浅为内,其小大精粗,其行适至是而止。